आयु, स्वास्थ्य, संतान आदि प्रश्नों के उत्तर
तथा भविष्य सुधार के उपाय

पामिस्ट्री के अनुभूत प्रयोग

भाग-3

लेखक, संपादक
दयानंद वर्मा, निशा घई

डायमंड बुक्स
www.diamondbook.in

प्रकाशक : **डायमंड पॉकेट बुक्स (प्रा.) लि.**
X-30 ओखला इंडस्ट्रियल एरिया, फेज-II
नई दिल्ली-110020
फोन : 011-40712200
ई-मेल : sales@dpb.in
वेबसाइट : www.diamondbook.in

Palmistry Ke Anubhut Prayog-III

By : Dayanand Verma, Nisha Ghai

भूमिका

पामिस्ट्री की सफलता के टिप्स

अच्छे लक्षणों से युक्त हाथ वाले हमें निर्धन लग सकते हैं और अत्यंत धनी दिखाई देने वाले हाथों के लक्षण अशुभ हो सकते हैं। यह देखकर हमारे शिक्षार्थी आश्चर्य में पड़ जाते हैं।

वास्तव में धनाढ्यता और निर्धनता, दोनों सापेक्ष अवस्थाएं हैं। एक व्यक्ति ऐसे परिवार में जन्मा है, जहां किसी को जूता पहनना नसीब नहीं हुआ, उस परिवार का व्यक्ति यदि एक साइकिल भी खरीद लेता है तो अपनी पारिवारिक अवस्था के अनुसार वह धनी है और एक अन्य व्यक्ति के पास एक सामान्य देशी कार है, उसके मित्रों, संबंधियों के पास लंबी कारें हैं, तो वह अपने आपको निर्धन मानने को बाध्य है।

यदि रेखाएं निरंतर शुभ होती चली जाती हैं, तो धनी से अधिक धनी होने की प्रक्रिया जारी रहती है, चाहे वह साइकिल वाला हो, चाहे वह कार वाला हो।

निर्धनता और धन का संबंध परिसंपत्ति(Assets) देनदारी(Liability) की मात्रा के अंतर से भी होता है, आय और व्यय के अंतर से भी होता है। व्यक्ति की हजार रुपये मासिक आय हो किंतु खर्च नौ सौ रुपये हो, वह धनी है। इसके विपरीत जिसकी आय लाख रुपये मासिक हो और खर्च सवा लाख हो, वह निर्धन है।

संपत्ति का अर्थ कुछ व्यक्ति केवल अचल संपत्ति मानते हैं, जबकि संपत्ति में बैंक-बैलेंस, शेयर, इंश्योरेंस पालिसी, मकान, नकद व अन्य रूप भी होते हैं।

बड़े व्यापार में कर्ज लेना सामान्य बात है। व्यक्ति पर देनदारी की जितनी मात्रा है, उससे अधिक परिसंपत्ति है, तो भी हाथ के लक्षण धनी बताएंगे। नकदी का प्रवाह रुकने से उन्हें अस्थाई परेशानी हो सकती है अथवा एक ओर का प्रवाह रोककर दूसरी ओर व्यय करने से कष्ट भी हो सकता है, किंतु यह अस्थाई स्थिति सुधर जाती है, जबकि परिसंपत्ति देयता से अधिक हो। उपाय का समय उस परेशानी की अवस्था में तनाव दूर करने में सहायक होता है।

–दयानंद वर्मा
संस्थापक

इंस्टीट्यूट ऑफ पामिस्ट्री
W-21, ग्रेटर कैलाश पार्ट-1
नई दिल्ली-110048
फोन: 011-29242432/41630337
मोबाइल: 09910446002
ई-मेल: nishaghai@hotmail.com
website: www.instituteofpalmistry.com

विषय सूची

पामिस्ट्री का बेसिक ज्ञान

पामिस्ट्री में हाथ के दो विभाग हैं :

1. अंगूठा तथा उंगलियां
2. हथेली तथा हथेली के पर्वत।

अंगूठा (देखें चित्र 1/1)

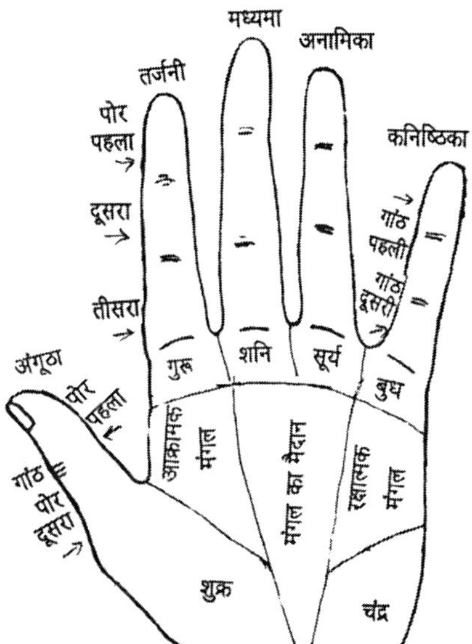

लंबा अंगूठा विवेक और बुद्धिमानी की निशानी है। छोटा अंगूठा जल्दबाजी की प्रवृत्ति बताता है। इसका पहला पोर (नाखून वाला पोर)

व्यक्ति की संकल्प शक्ति की मात्रा बताता है। जिनका पहला पोर बड़ा होता है, उनमें कर्मठता कम होती है। वे सोच-विचार अधिक करते हैं। छोटे अंगूठे वाले बिना सोचे-विचारे कार्य करते हैं।

उंगलियां (पुन: देखें चित्र 1/1)

प्रत्येक उंगली के तीन पोर होते हैं। नाखून वाले पोर को पहला पोर कहते हैं। उसके बाद वाले मध्य पोर को दूसरा पोर कहते हैं। हथेली से जुड़े पोर को तीसरा पोर कहते हैं।

अंगूठे के साथ की पहली उंगली को **तर्जनी** कहते हैं। यह व्यक्ति के अहंभाव, सम्मान पाने की इच्छा बताती है। यदि यह उंगली सामान्य से अधिक लंबी हो तो व्यक्ति में दूसरों को दबाने की प्रवृत्ति होती है। यदि सामान्य से छोटी हो तो व्यक्ति में कोई महत्त्वाकांक्षा नहीं होती। वह मात्र अनुयायी होता है।

तर्जनी के साथ की दूसरी उंगली को **मध्यमा** कहते हैं। यह व्यक्ति में ठहराव, बुद्धिमानी और एकांतप्रियता प्रकट करती है। सामान्यत: यह उंगली अन्य सभी उंगलियों से लंबी होती है। यदि यह पहली उंगली तर्जनी या तीसरी उंगली अनामिका के बराबर की हो तो इसे छोटी मध्यमा कहते हैं। सामान्य से छोटी मध्यमा वाले व्यक्ति में छिछोरापन होता है और सामान्य से लंबी मध्यमा वाला व्यक्ति सोसायटी, मेलजोल से दूर रहता है।

तीसरी उंगली **अनामिका** है। यह व्यक्ति की दिखावे की प्रवृत्ति, यश की आकांक्षा बताती है। छोटी अनामिका वाले व्यक्ति में दिखावे की प्रवृत्ति बिलकुल नहीं होती, न ही वे रिस्क लेते हैं। यदि यह उंगली सामान्य से अधिक लंबी हो, अर्थात तर्जनी से अधिक लंबी हो तो व्यक्ति का दिखावा, आडंबर बन जाता है और जोखिम में रस लेने की उसकी इच्छा बढ़ जाती है। जुआ, सट्टा आदि विषय जोखिम लेने के अलग-अलग प्रकार हैं।

चौथी उंगली को **कनिष्ठिका** कहते हैं। यह उंगली व्यक्ति की वाक्पटुता और चतुरता बताती है। अनामिका के पहले पोर के जोड़ तक पहुंचने वाली कनिष्ठिका सामान्य आकार की होती है। इससे अधिक लंबी हो तो व्यक्ति में ये विशेषताएं बढ़ जाती हैं। यदि यह उंगली सामान्य से छोटी हो तो व्यक्ति में ये विशेषताएं घट जाती हैं। सामान्य से छोटी

कनिष्ठिका वाले व्यक्ति में हीनता की भावना होती है, उसमें खुलकर बात करने का साहस नहीं होता है।

अंगूठे और उंगलियों के विषय में अन्य तथ्य

पहली उंगली तर्जनी के तीसरे पोर के मध्य तक पहुंचने वाला अंगूठा सामान्य लंबाई का होता है। उससे कम हो तो उसे छोटा अंगूठा कहते हैं। इससे अधिक हो तो उसे लंबा अंगूठा कहते हैं। उंगलियों के जोड़ की गांठें अधिक स्पष्ट हों तो व्यक्ति सोचता अधिक है। उसमें भावना की बजाय विश्लेषण-बुद्धि की प्रधानता होती है। उंगलियां इतनी मुलायम हों कि गांठें दिखाई न दें तो व्यक्ति कल्पनाप्रधान और भावुक होता है। वह विचार और मनन द्वारा निर्णय पर नहीं पहुंचता, बल्कि भावना द्वारा पहुंचता है।

हथेली तथा हथेली के पर्वत

(पुनः देखें चित्र 1/1)

अब हथेली का विषय लेते हैं। पूरी हथेली को पामिस्ट्री में नौ भागों में बांटा गया है। इन भागों को हथेली के पर्वत कहा जाता है।

पहली उंगली तर्जनी के आधार का छोटा-सा भाग व्यक्ति की नेतृत्व की इच्छा, महत्त्वाकांक्षा तथा अहंभाव की मात्रा बताता है। इस स्थान का नाम पामिस्ट्री में **बृहस्पति पर्वत** (माउंट ऑफ जुपीटर) है। बृहस्पति देवताओं का गुरु है, इसलिए इसे **गुरु पर्वत** भी कहते हैं। इस पर्वत से संबंधित उंगली तर्जनी में गुरु पर्वत की विशेषताएं होती हैं।

दूसरी उंगली मध्यमा के नीचे का थोड़ा-सा स्थान व्यक्ति की सौम्यता, विश्लेषण-शक्ति, धन-संपत्ति की इच्छा तथा एकांतप्रियता की मात्रा बताता है। इस स्थान का नाम शनि ग्रह के नाम पर **शनि पर्वत** रखा गया है। इससे संबंधित मध्यमा उंगली में इस पर्वत की विशेषताएं होती हैं।

तीसरी उंगली अर्थात अनामिका के नीचे का थोड़ा-सा स्थान व्यक्ति के उत्साह, उसकी दिखावे की प्रवृत्ति तथा कलाप्रियता की मात्रा बताता है। इस स्थान का नाम **सूर्य पर्वत** है। अनामिका उंगली में इस पर्वत की विशेषताएं होती हैं।

चौथी उंगली अर्थात कनिष्ठिका की जड़ का स्थान व्यक्ति की

व्यावहारिक बुद्धि तथा वाक्पटुता की मात्रा बताता है। इस स्थान का नाम **बुध पर्वत** है। चौथी उंगली बुध पर्वत की विशेषताओं का प्रतिनिधित्व करती है।

बुध पर्वत के नीचे का थोड़ा-सा स्थान व्यक्ति की धीरता की मात्रा बताता है। पश्चिमी पामिस्ट्री में इस स्थान को **ऊर्ध्व मंगल (अपर मार्स)** कहते हैं।

पश्चिमी पामिस्ट्री में गुरु पर्वत के नीचे के स्थान को **निम्न मंगल (लोअर मार्स)** कहा गया है। यह स्थान व्यक्ति के साहस की मात्रा बताता है, किंतु हमने अपने अनुभव से देखा है कि पामिस्ट्री के जि. ज्ञासुओं के लिए निम्न मंगल और ऊर्ध्व मंगल को याद रखना कठिन है। जिज्ञासुओं की सुविधा के लिए इन दोनों स्थलों की विशेषताओं के आधार पर इन दोनों पर्वत-स्थलों के नाम में मामूली परिवर्तन किया जा रहा है। अतः बुध पर्वत के नीचे के मंगल स्थल को हम ऊर्ध्व मंगल की बजाय **रक्षात्मक मंगल** कहेंगे और मंगल का वह भाग जो गुरु के नीचे है, उसे उस स्थल की विशेषता के अनुसार **आक्रामक मंगल** कहेंगे।

इन विशेषताओं के अनुसार मंगल के इन दोनों पर्वतों को अलग-अलग याद रखना सरल है।

रक्षात्मक मंगल के नीचे हथेली के अंतिम किनारे से सटा कलाई तक का भाग व्यक्ति की कल्पना-शक्ति और परिवर्तन की चाह की मात्रा बताता है। इस स्थान का नाम **चंद्र पर्वत** है।

आक्रामक मंगल के नीचे अंगूठे की जड़ से कलाई तक का बड़ा भाग व्यक्ति के सेक्स, जीवन-शक्ति तथा सहानुभूति की मात्रा बताता है। इस स्थान का नाम **शुक्र पर्वत** है।

इन सभी पर्वतों के मध्य भाग को **मंगल का मैदान** कहते हैं। यह स्थान यदि भरा-भरा हो तो व्यक्ति में शारीरिक शक्ति अधिक होती है और वह हिम्मत नहीं हारता, यदि धंसा हुआ हो तो व्यक्ति संघर्ष में घबरा जाता है।

जिस हथेली का जो पर्वत स्थल भरा-भरा हो उसे विकसित पर्वत कहते हैं। जिस हाथ का जो पर्वत विकसित होता है, उस पर्वत की विशेषताएं व्यक्ति में प्रमुख होती हैं। शनि पर्वत आमतौर पर दबा होता है, किंतु शनि पर्वत से संबंधित उंगली 'मध्यमा' आमतौर पर लंबी होती है, इसलिए अविकसित शनि पर्वत की कमी पूरी हो जाती है।

– हस्तरेखा-विशेषज्ञ का कार्य एक डॉक्टर जैसा होता है। डॉक्टर दवाई देकर शरीर का रोग दूर करता है, रेखा-विशेषज्ञ को मन की चिकित्सा करनी होती है, जो शरीर की चिकित्सा से कठिन कार्य है।

– इंस्टीट्यूट ऑफ पामिस्ट्री

हाथ देखने के कुछ अन्य नियम

हाथ दायां देखें या बायां?

स्त्री और पुरुष के दोनों हाथ देखने चाहिए। यदि दोनों हाथ की रेखाएं एक जैसी हों, तो व्यक्ति के जीवन में अधिक उतार-चढ़ाव नहीं होते। यदि दोनों की रेखाओं में अंतर हो तो मुख्यता सक्रिय हाथ को देनी चाहिए। सक्रिय हाथ उसे कहते हैं, जिससे व्यक्ति लिखने का कार्य करता है। आमतौर पर व्यक्तियों का दायां हाथ सक्रिय होता है। जिस व्यक्ति का बायां हाथ अधिक सक्रिय हो तो उसके बाएं हाथ की रेखाओं को मुख्यता देनी चाहिए।

हाथ के स्तर

हाथ की त्वचा लचीली हो तो व्यक्ति का स्वभाव लचीलापन लिए होता है। त्वचा सख्त और मोटी हो तो व्यक्ति विचारों को आसानी से नहीं बदलता। उसके स्वभाव में दृढ़ता होती है। त्वचा लचीली हो और हाथ सख्त हो तो उसे ठोस हाथ कहते हैं। ऐसा व्यक्ति विचारशील और कर्मठ होता है। उसके विचारों में लचीलापन और दृढ़ता दोनों होते हैं। लचीली त्वचा के साथ हाथ बहुत मुलायम हो तो उसे पिलपिला हाथ कहते हैं। ऐसे व्यक्ति का मन गतिशील होता है, किंतु शारीरिक शक्ति कम होती है।

हथेली के रंग

गुलाबी रंग शुभ होता है। गेहुंए व्यक्ति के हाथ की हथेली की रंगत गेहुंए रंग की मिलावट लिए होती है। वह भी शुभ है। लाल हथेली क्रोध की अधिक मात्रा बताती है। पीली हथेली पीलिया (जॉं. डस) रोग की संभावना बताती है। सफेद हथेली के व्यक्ति अपने हित की सोचते हैं।

नाखून

लंबाई और चौड़ाई में पर्याप्त बड़े नाखून को बड़ा नाखून कहते हैं। (देखें चित्र 2/1) बड़े नाखून अच्छे होते हैं। ऐसा व्यक्ति तनाव, झटके सहकर भी संतुलित रहता है। लंबे किंतु कम चौड़े नाखून वाले व्यक्ति को गले के रोगों की संभावना होती है (देखें चित्र 2/2)। नाखून की चौड़ाई पूरी हो और लंबाई कम हो तो ऐसे नाखून को छोटा नाखून कहते हैं (देखें चित्र 2/3 । ऐसे व्यक्तियों में सहनशीलता नहीं होती। वे जल्दी तनावग्रस्त हो जाते हैं।

2/1 2/2 2/3

अब हम हथेली के विषय में और बातें संक्षेप में बताते हैं।

चौड़ी हथेली वाले व्यक्ति हर विषय का व्यावहारिक पक्ष देखते हैं। ये शारीरिक दृष्टि से अधिक क्रियाशील होते हैं। लंबी हथेली के व्यक्ति में योजना बनाने की आदत होती है।

छोटे हाथ वाले व्यक्ति हर कार्य को ऊपरी तौर पर देखते हैं, गहराई में नहीं जाते। वे हर कार्य को जल्दी निबटाते हैं। यह बात छोटी उंगलियों के विषय में भी है। जिन व्यक्तियों के हाथ की उंगलियां छोटी होती हैं, उनमें कार्य करने की गति तेज होती है।

इसके विपरीत बड़े हाथ वाले व्यक्ति हर कार्य को सूक्ष्मता से करते हैं। इनके कार्य की गति धीमी होती है। यदि हाथ की उंगलियां भी लंबी हों तो उनके कार्य का स्तर ऊंचा हो जाता है, किंतु गति और कम हो जाती है।

बड़े और छोटे हाथों का भेद भी समझें। स्त्रियों का कद और उनके हाथ का आकार पुरुषों की अपेक्षा छोटा होता है, उसे सामान्य समझें। निर्णय करते समय व्यक्ति के कद का ध्यान रखें।

हाथ भरा-भरा हो तो व्यक्ति कर्मठ होता है। वह हार नहीं मानता, खुले दिल का होता है। हाथ पतला हो तो व्यक्ति के मन की थाह पाना सरल नहीं होता।

– जिस प्रकार डॉक्टर रक्त आदि के टेस्ट देखकर शरीर के भीतरी अंगों की क्रियाओं को समझ सकता है, उसी प्रकार हस्त–वैज्ञानिक हाथ की रेखाएं देखकर भीतर छिपी संभावनाओं को समझ सकता है। छिपी संभावनाओं को पढ़ना ही भूत, भविष्य और वर्तमान को पढ़ना है।

– इंस्टीट्यूट ऑफ पामिस्ट्री

हस्तरेखाओं का सामान्य परिचय

हथेली पर अनेक प्रकार की रेखाएं होती हैं। उनमें से जो रेखाएं अधिक हाथों पर होती हैं, उनको मुख्य रेखाएं कहते हैं। जो रेखाएं किसी-किसी हाथ में होती हैं, उन्हें गौण रेखाएं कहते हैं। मुख्य और गौण रेखाओं के नाम पामिस्ट्री संबंधी पुस्तकों में आए हैं, किंतु हाथों पर बहुत-सी रेखाएं ऐसी भी होती हैं कि जिनको कोई नाम नहीं दिए गए हैं। ये 'प्रभाव रेखाएं' कहलाती हैं। प्रभाव रेखा जिस पर्वत पर उदित होती है, उस पर्वत से संबंधित मस्तिष्क का केंद्र अधिक शक्तिशाली होता है। प्रभाव रेखा जिस पर्वत या रेखा को जाती है, उस रेखा या पर्वत का आकर्षण अधिक होता है। इन प्रभाव रेखाओं से क्रॉस, स्टार, द्वीप आदि अनेक आकृतियां बनती हैं। उन आकृतियों को हथेली के चिह्न कहते हैं। चिह्नों का फल हम इसी 'पुनरावलोकन' भाग में आगे देंगे। पहले मुख्य और गौण रेखाओं के नाम तथा उनकी विशेषता बताते हैं।

पहली कोटि की मुख्य रेखाएं

जीवन रेखा (देखें चित्र 3/1)

भारतीय सामुद्रिक शास्त्र में इसे गोत्र रेखा और पितृ रेखा कहते हैं। उनके अनुसार यह रेखा कुल (वंश) के विषय में बताती है। पश्चिमी पामिस्ट इस रेखा को शारीरिक क्षमता की रेखा कहते हैं। आयु और रोग का विषय इस रेखा से देखते हैं, किंतु हमारे अनुभव के अनुसार यह रेखा स्वास्थ्य, धन-संपत्ति, स्थान-परिवर्तन के विषय में भी बताती है। यह रेखा अर्द्धगोलाकार हो, पतली और गहरी हो तो शुभ होती है। मोटी, छिछली और सीधी रेखा शुभ नहीं होती। सीधी जीवन रेखा चित्र 3/2 में देखें।

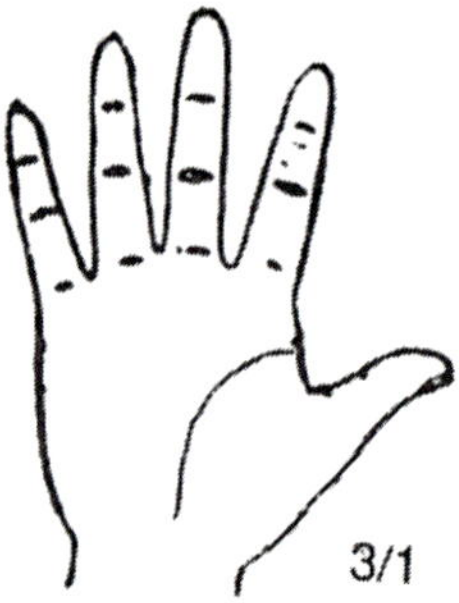

3/1

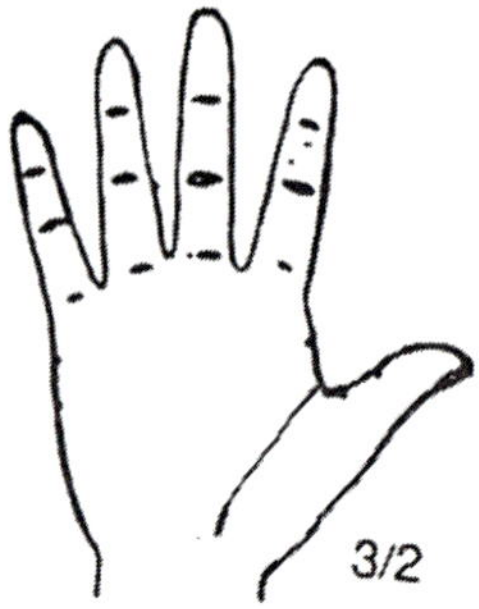

3/2

इस रेखा का उदय स्थल आक्रामक मंगल तथा गुरु पर्वत का मध्य भाग है तथा समापन स्थल कलाई के निकट है। कभी-कभी यह रेखा गुरु पर्वत या आक्रामक मंगल या हथेली के मध्य भाग मे भी आरंभ होती देखी गई है। इसकी समाप्ति शुक्र पर्वत अथवा चंद्र पर्वत पर होती है। उदय या समापन स्थल के अनुसार पर्वतों की विशेषताएं उसके फल में सहायक बनती हैं।

मस्तिष्क रेखा (देखें चित्र 3/3)

भारतीय सामुद्रिक शास्त्र में इसे मातृ रेखा और धन रेखा कहा गया है। पश्चिमी पामिस्ट इसे मस्तिष्क रेखा कहते हैं। इससे दिमाग का स्तर, बुद्धि का स्तर देखते हैं। साथ ही धन संबंधी प्रश्नों के उत्तर भी इसी रेखा से प्राप्त होते हैं। गहराई से देखा जाए तो मस्तिष्क अर्थात बुद्धि का धन से संबंध होता है। जब धन को जाना होता है तो बुद्धि पहले भ्रष्ट होती है और जब धन को आना होता है तो बुद्धि पहले आती है। सामान्यतः इसका निकास स्थान आक्रामक मंगल तथा गुरु पर्वत का मध्य भाग होता है और समापन रक्षात्मक मंगल, किंतु अनेक हाथों में यह रेखा गुरु पर्वत या आक्रामक मंगल या जीवन रेखा से उदित देखी जाती है और समापन बुध की ओर या चंद्र पर्वत पर भी होता है। उदय स्थल और समापन स्थल का प्रभाव इस रेखा के फल में शामिल हो जाता है।

हृदय रेखा (देखें चित्र 3/4)

भारतीय सामुद्रिक शास्त्र में इसे आयु रेखा कहते हैं और स्वास्थ्य तथा आयु संबंधी प्रश्नों के फल इसमें देखते हैं और इसका आरंभ बुध पर्वत तथा समापन शनि अथवा गुरु पर्वत मानते हैं। पश्चिमी

पामिस्ट्री में इससे व्यक्ति की भावना की मात्रा देखते हैं। भावनाओं में प्रेम, क्रोध, मित्रता आदि भाव आते हैं। इसके आरंभ और समापन के विषय में सभी पश्चिमी पामिस्ट एकमत नहीं हैं, किंतु हमारे अनुभव के अनुसार यह रेखा भावना, प्रेम, स्वास्थ्य के विषय में बताती है और गुरु पर्वत से आरंभ होकर बुध पर्वत और रक्षात्मक मंगल के मध्य की ओर जाती है। कुछ हाथों में शनि पर्वत से आरंभ होती है और समापन दिशा बुध पर्वत के ओर भी होती है।

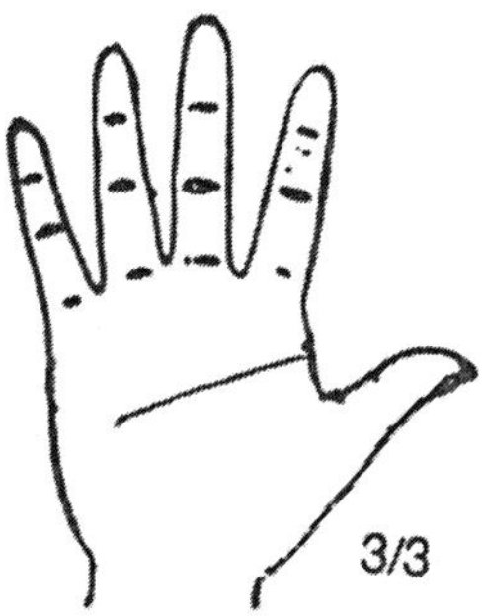
3/3

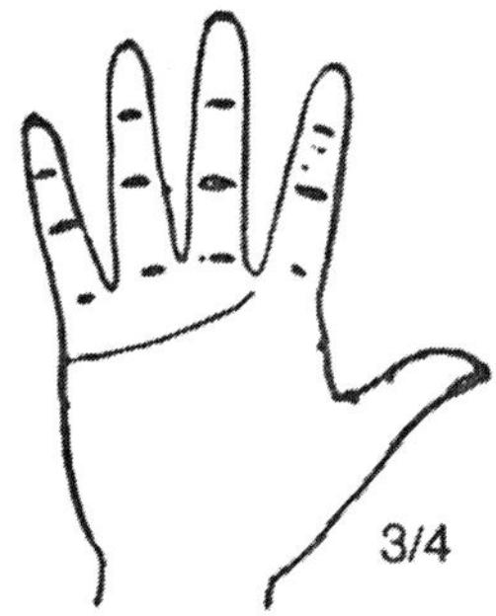
3/4

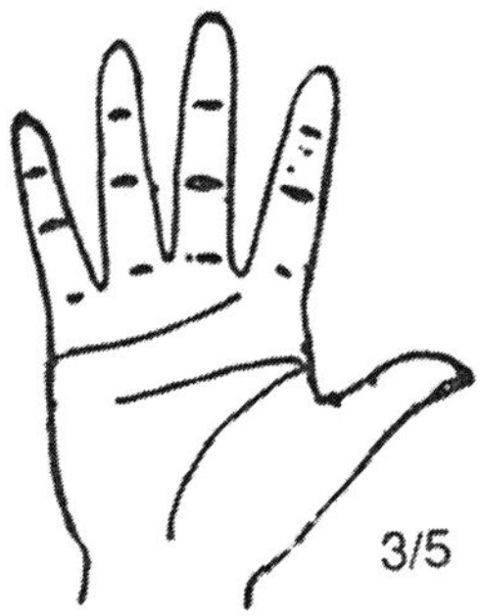
3/5

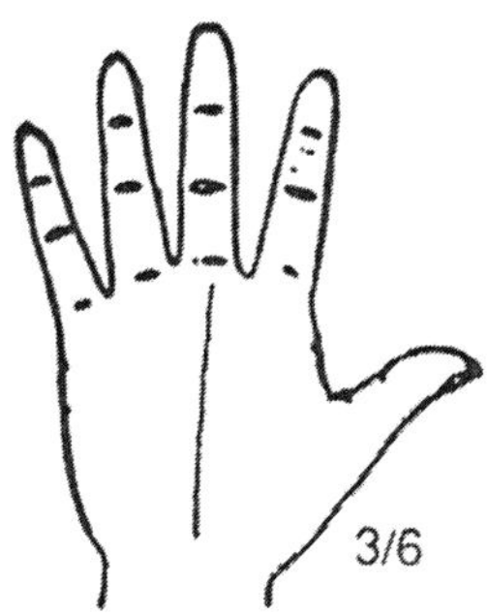
3/6

इन तीन रेखाओं के अन्य पक्ष

भारतीय सामुद्रिक शास्त्र में हृदय रेखा से जीवन साथी का विषय, मस्तिष्क रेखा से मातृ पक्ष तथा जीवन रेखा से पिता का पक्ष देखते हैं। इस विद्या में अभी गहरे अनुसंधान की आवश्यकता है। अनुसंधान कभी समाप्त नहीं होते। इस पुस्तक में हमने अपने अनुभवों के अनुसार समापन स्थल और उदय स्थल बताएं हैं। चित्र 3/5 में प्रथम कोटि की ये तीनों मुख्य रेखाएं एक साथ दिखाई गई हैं।

दूसरी कोटि की मुख्य रेखाएं

शनि रेखा (देखें चित्र 3/6)

भारतीय सामुद्रिक शास्त्र इसे ऊर्ध्व रेखा तथा इंदिरा रेखा कहते हैं। पश्चिमी पामिस्ट इसे भाग्य रेखा या धन रेखा कहते हैं। हमने इसे शनि रेखा इसलिए कहा है कि इसकी दिशा शनि पर्वत होती है। इस रेखा से धन-संपत्ति संबंधी प्रश्नों के उत्तर मिलते हैं। साथ ही यह रेखा विवाह तथा प्रेम-संबंधों के बारे में भी बताती है। यह रेखा जीवन रेखा से उदित हो तो बहुत अच्छी होती है। कलाई के मध्य से निकली जीवन रेखा से तनिक फासले से उदित होने वाली भी अच्छी होती है। जीवन रेखा से अत्यंत सटकर निकलने वाली शनि रेखा अच्छी नहीं होती। चंद्र पर्वत तथा शुक्र पर्वत से भी शनि रेखा उदित होती है, किंतु उसका प्रभाव उस समय से दिखाई देता है, जिस समय वह सीधी होकर शनि के क्षेत्र में प्रवेश करती है।

भारतीय सामुद्रिक शास्त्र में मध्यमा उंगली के आधार से कलाई तक का भाग शनि का क्षेत्र माना गया है। इस क्षेत्र को चित्र 3/7 में देखें। शनि रेखा धन-प्राप्ति संबंधी प्रयत्नों के बारे में बताती है, किंतु उन प्रयत्नों का फल तभी प्राप्त होगा, जब इससे तनिक फासले पर अन्य समानांतर रेखा सहायक बनती है अथवा सूर्य रेखा उदित होती है। शनि रेखा से अत्यंत सटकर चलने वाली रेखा कुठार रेखा कहलाती है, जो प्रयत्नों को सफल होने से रोकती है।

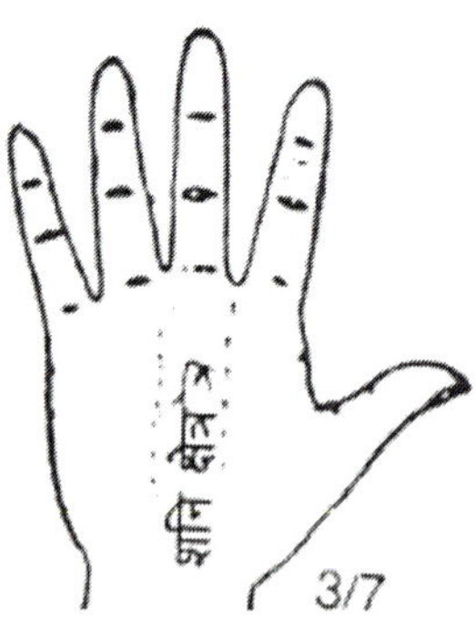

3/7

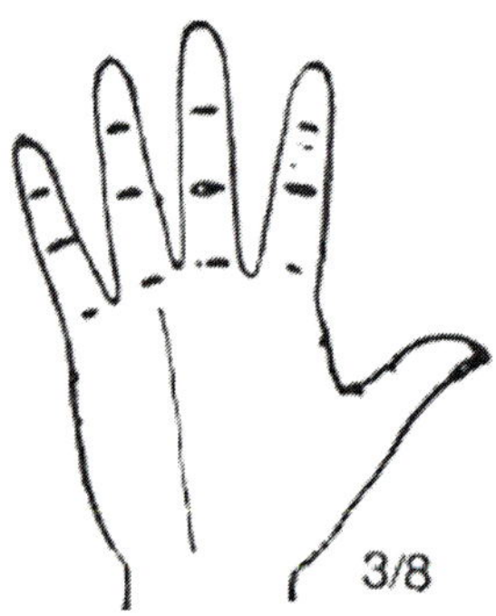

3/8

सूर्य रेखा (देखें चित्र 3/8)

यह शनि रेखा की सहायक रेखा है। भारतीय सामुद्रिक शास्त्र में

इसे धर्म रेखा, विद्या रेखा तथा पुण्य रेखा कहते हैं। इसका आरंभ कलाई, जीवन रेखा, शनि रेखा या चंद्र पर्वत से होता है। दिशा सूर्य पर्वत की ओर है। यह प्रयत्नों की सफलता देने वाली रेखा है। वे प्रयत्न विद्या के क्षेत्र में हों, धन के क्षेत्र में हों, राजनीति, मुकदमे, यात्रा अथवा प्रेम आदि के क्षेत्रों में हों, इस रेखा के उदित होने के समय से व्यक्ति को प्रयत्नों में सफलता मिलती है। रेखाओं द्वारा समय जानने की विधि हम इसी पुनरावलोकन भाग में आगे बताएंगे।

बुध रेखा (देखें चित्र 3/9)

भारतीय सामुद्रिक शास्त्र में इसे आरोग्य रेखा या स्वास्थ्य रेखा कहते हैं। पश्चिमी पामिस्ट्री में इसे स्वास्थ्य रेखा या जिगर रेखा कहते हैं। इस रेखा के उदय स्थल तथा इसके फल के विषय में बहुत मतभेद हैं, किंतु हमारे अनुभव के अनुसार यह मस्तिष्क की चतुरता अथवा व्यापारिक बुद्धि के विषय में बताती है और इसका आरंभ कलाई से, शुक्र पर्वत से, जीवन रेखा से, शनि रेखा से, सूर्य रेखा से अथवा चंद्र पर्वत से होता है और समापन की दिशा बुध पर्वत है। स्पष्ट रेखा अच्छा दिमाग और अच्छा स्वास्थ्य बताती है। अस्पष्ट और टूटी-फूटी बुध रेखा, बुरा स्वास्थ्य और भ्रमित बुद्धि बताती है।

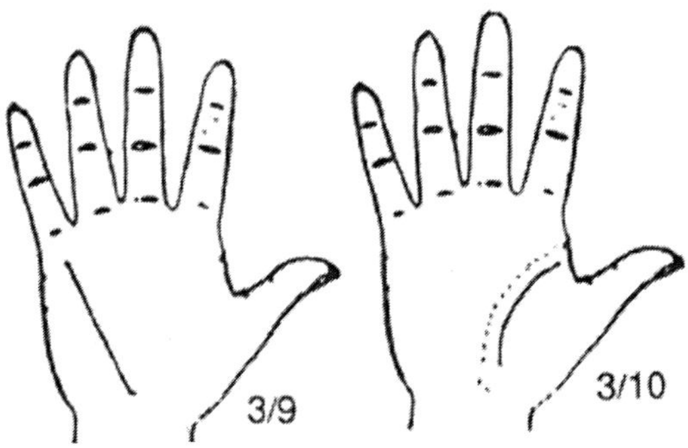

मंगल रेखा (देखें चित्र 3/10)

कुछ पामिस्ट इसे शुक्र पर्वत की प्रभाव रेखा मानते हैं। यह जीवन रेखा के अंदर समानांतर रेखा है। जीवन रेखा के अत्यंत निकट हो अथवा अधिक गहरी हो तो व्यक्ति में रोष की मात्रा बताती है, दूर हो तो शांत स्वभाव। यह रेखा दांपत्य जीवन के बारे में भी बताती है। इस रेखा का आरंभ आक्रामक मंगल तथा मार्ग की दिशा जीवन रेखा के भीतर समानांतर चलती हुई कलाई या शुक्र पर्वत होती है।

कामभाव की रेखा या विवाह रेखा (देखें चित्र 3/11)

हमने लोक प्रचलित विवाह रेखा को कामभाव की रेखा कहा है, क्योंकि यह व्यक्ति के उन संबंधों के विषय में बताती है, जिनका सेक्स से संबंध है। वह संबंध बिना अग्नि के फेरे लिए या बिना निकाह पढ़े या बिना चर्च की अनुमति के लंबे समय तक चल सकता है। यह रेखा बुध पर्वत की ओर के हथेली के बाहरी भाग से आरंभ होती है और दिशा बुध पर्वत है।

सीधी रेखा सामान्य और अच्छा दांपत्य प्रेम संबंध बताती है। इस रेखा के हृदय रेखा की ओर झुकने का अर्थ है जीवनसाथी के साथ संबंधों में बाधा या जीवनसाथी का बुरा स्वास्थ्य। इस रेखा की दिशा कनिष्ठिका की ओर होने से जीवनसाथी लंबी आयु पाते हैं। ये रेखाएं संख्या में एक या दो या तीन हो सकती है, किंतु इसका अर्थ उतने विवाह या उतने काम संबंध नहीं होते। इस पुस्तक के दूसरे भाग में विवाह के प्रसंग में इनके विषय में अधिक बताएंगे। यहां हम इतना बताते हैं कि केवल इसी रेखा के भरोसे काम संबंधों, विवाह या प्रेम के विषय में निर्णय मत करें। मंगल रेखा, शनि रेखा, सूर्य रेखा, शुक्र पर्वत तथा गुरु पर्वत के संकेत देखकर विवाह, तलाक आदि के विषय में बताएं। इन संबंधों के अनेक फार्मूले हम इस पुस्तक के दूसरे भाग में दे रहे हैं।

भारतीय सामुद्रिक शास्त्र में पुरुष के बाएं हाथ की हृदय रेखा पत्नी के विषय में कही गई है और स्त्री के दाएं हाथ की हृदय रेखा पति के विषय में कही जाती है, किंतु उसके फल के संबंध में प्रमाण अधिक नहीं मिले हैं।

संतान संबंधी रेखाएं (देखें चित्र 3/12)

विवाह रेखा के ऊपर खड़ी रेखाओं को पश्चिमी पामिस्ट्री में संतान रेखाएं कहते हैं। (देखें चित्र 3/12-ए) किंतु हमारे अनुभव के अनुसार ये रेखाएं गलत जवाब देती हैं। भारतीय हस्त सामुद्रिक शास्त्र में संतान संबंधी प्रश्नों के उत्तर पाने के लिए जीवन रेखा की गोलाकार आकृति (देखें चित्र 3/12-बी) अंगूठे के मूल पर बने द्वीपों की संख्या (देखें चित्र 3/12-सी) हृदय रेखा के अंत में शाखाएं (देखें चित्र 3/12-डी) तथा अंगूठे मूल के निकट समानांतर रेखाएं (चित्र 3/12-ई एफ) देखें। अधिक विवरण तीसरे भाग में शीर्षक के अनुसार देखें।

मणिबंध रेखाएं (देखें चित्र 3/13)

कलाई पर कंगन की तरह रेखाएं मणिबंध रेखाएं कहलाती हैं। भारतीय सामुद्रिक शास्त्र में इन रेखाओं द्वारा आयु एवं स्वास्थ्य के विषय में बताने की व्यवस्था है, किंतु पश्चिमी पामिस्ट इनको अधिक महत्त्व नहीं देते। हम दोनों दृष्टिकोणों का आगे यथा अवसर फल बताएंगे।

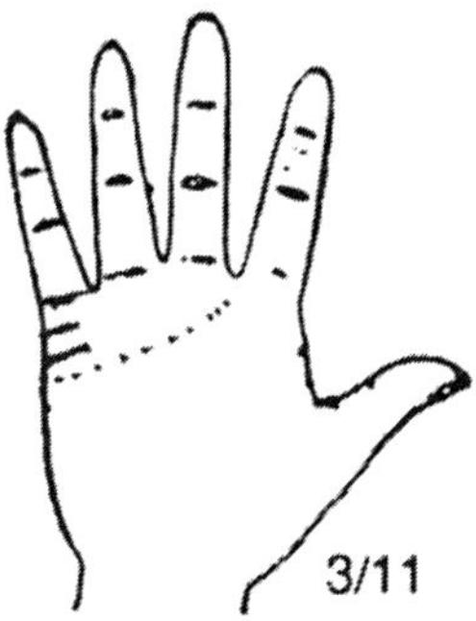
3/11

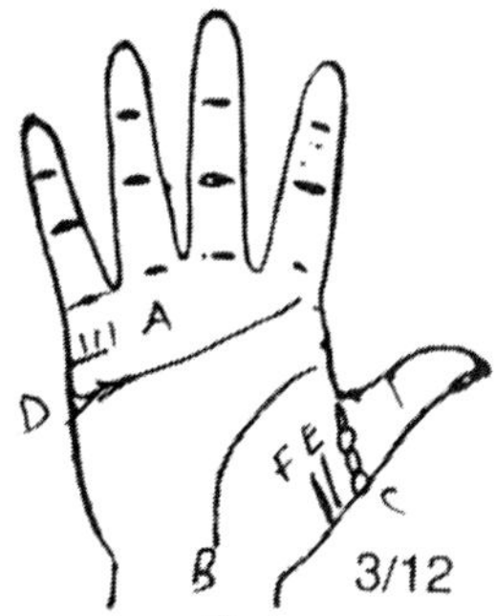

3/12

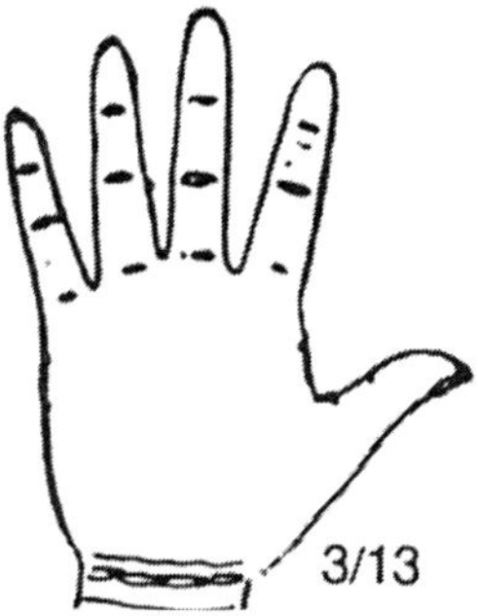
3/13

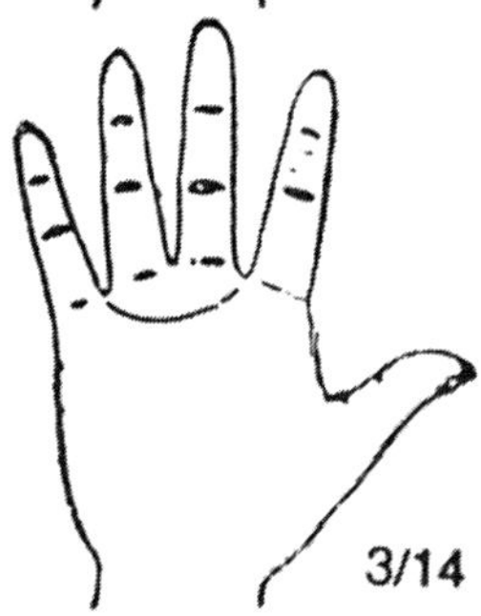
3/14

गौण रेखाएं

ये रेखाएं अधिक जनों के हाथों पर नहीं होती हैं, इसलिए इन्हें गौण रेखाएं कहा गया है।

शुक्र मेखला : शनि पर्वत तथा सूर्य पर्वत को घेरने वाली एक अर्द्धगोलाकार रेखा (देखें चित्र 3/14) जिस हाथ पर शुक्र, चंद्र, आक्रामक मंगल विकसित हों और हथेली पर कम रेखाएं हों तो इस रेखा का अर्थ अधिक कामशक्ति है। पतले और अधिक रेखाओं वाले हाथ पर यह रेखा हो तो मानसिक परेशानी बताती है। अधूरी रेखा का फल कम होता है।

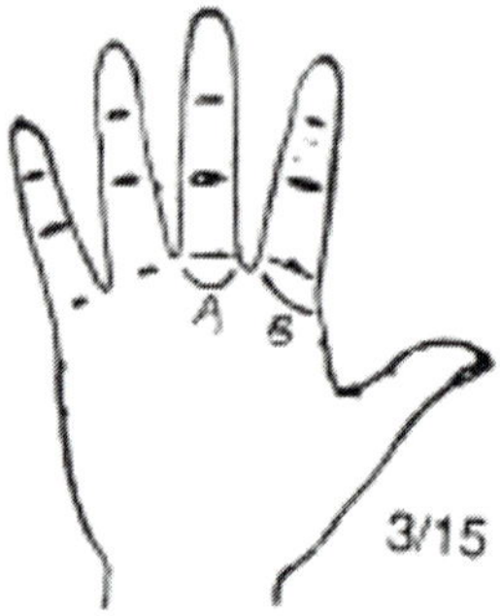

3/15

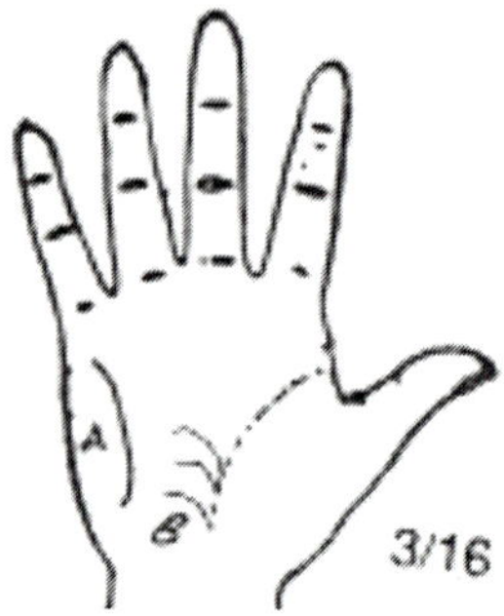

3/16

शनि-मुद्रिका : (देखें चित्र 3/15 ए) यह अर्द्धगोलाकार रेखा यदि शनि रेखा को काटे तो उस आयु में धन संबंधी बाधाएं बताती है अन्यथा गुप्त विषयों में रुचि बताती है।

गुरु मुद्रिका तथा गुरु रेखाएं : गुरु मुद्रिका व्यक्ति में विवेक तथा सम्मान की इच्छा बताती है (देखें चित्र 3/15 बी)। मुद्रिका के अतिरिक्त गुरु पर्वत पर अन्य रेखाएं भी होती हैं। उन्हें गुरु रेखाएं कहते हैं। ये रेखाएं व्यक्ति की इच्छाशक्ति में सहायक होती हैं। अनेक दिशाओं से आई गुरु रेखाएं एक-दूसरे को काटें तो गुरु पर्वत पर क्रॉस बनता है। यह क्रॉस भी सफलता का संकेत है।

चंद्र रेखा या अंतर्दृष्टि रेखा : इस रेखा के व्यक्ति अंतर्यामी होते हैं। यह रेखा अर्द्धगोलाकार होती है और चंद्र पर्वत से बुध पर्वत को जाती है (देखें चित्र 3/16 ए)। यदि रेखा के साथ चंद्र पर्वत भी विकसित हो तो फल बढ़ जाता है। अधूरी रेखा या बिना विकसित चंद्र पर्वत के इसका फल घट जाता है। जीवन रेखा से चंद्र पर्वत की ओर जाने वाली गोलाकार प्रभाव रेखाओं को भी चंद्र रेखाएं कहते हैं (देखें चित्र 3/16 बी) किंतु इन रेखाओं का फल कम है।

वाया लासिवा या असंयम रेखा : चंद्र पर्वत और शुक्र पर्वत के मध्य रेखा (देखें चित्र 3/17 ए) तथा बुध रेखा की समानांतर कुठार रेखा (देखें चित्र 3/17 बी) को वाया लासिवा कहते हैं। यदि इनमें से कोई रेखा ठोस भारी हाथ पर हो तो कामशक्ति की अधिकता बताती है। पतले तथा पिलपिले हाथ पर नशे तथा ड्रग्स की प्रवृत्ति बताती है। चंद्र रेखा और वाया लासिवा का अंतर चित्र 3/16 तथा 3/17 में अच्छी तरह समझ लें।

यात्रा रेखाएं : यात्रा का चंद्र पर्वत तथा बुध पर्वत से विशेष संबंध है। सामान्यतः कलाई से निकलकर चंद्र पर्वत पर आने वाली

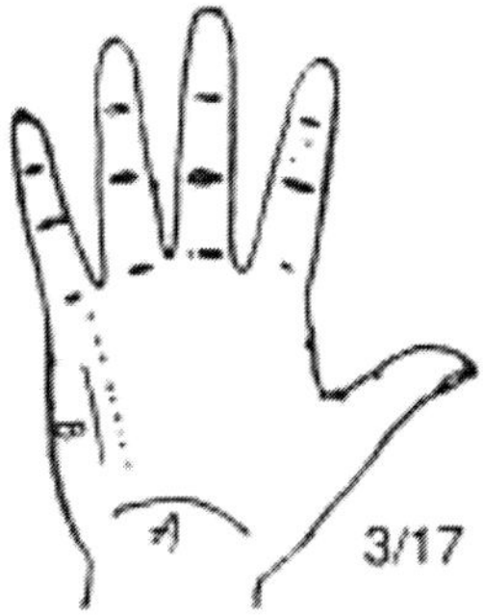

3/17

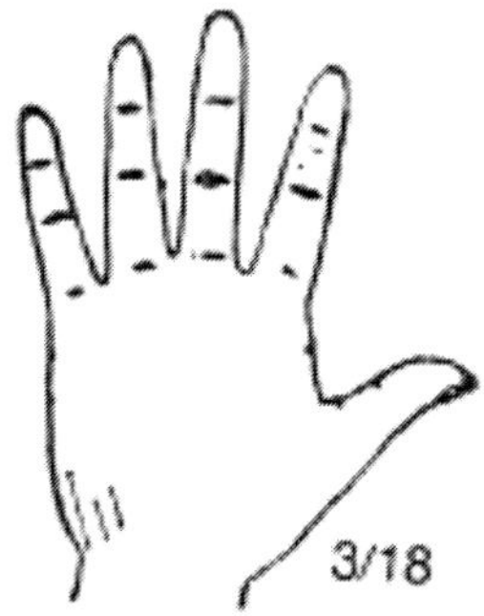

3/18

रेखाओं को यात्रा रेखाएं कहते हैं (देखें चित्र 3/18), किंतु यात्रा का विषय केवल इन पर निर्भर नहीं रह सकता। यात्रा संबंधी प्रश्नों के उत्तर पाने के लिए हस्तलक्षणों पर हम आगे विषयानुसार बताएंगे।

कुठार रेखा और समानांतर रेखा का अंतर : किसी भी मुख्य रेखा से अत्यंत सटी हुई रेखा को कुठार रेखा कहते हैं। यह अच्छी रेखा का शुभ फल घटा देती है। यदि विकृत रेखा के साथ हो तो विकृत रेखा का दोष कम करती है। मुख्य रेखाओं से तनिक फासला छोड़कर चलने वाली रेखा समानांतर रेखा कहलाती है। समानांतर मुख्य रेखा का फल बढ़ा देती है। उदाहरणतः मंगल रेखा जीवन रेखा के अत्यंत निकट हो तो वह जीवन रेखा की कुठार रेखा है, तनिक फासले पर हो तो समानांतर रेखा है। शनि रेखा, जीवन रेखा के अत्यंत निकट हो तो वह निकटता का काल, कुठार रेखा का काल होता है। जब भी दोनों रेखाओं के मध्य फासला बढ़ जाता है तब शनि रेखा का शुभ प्रभाव बढ़ जाता है। सूर्य रेखा, शनि रेखा की समानांतर रेखा है, किंतु शनि रेखा की दाएं-बाएं सटी हुई रेखा शनि रेखा के लिए कुठार होती है।

चिंता रेखाएं अथवा **राहु रेखाएं :** आक्रामक मंगल से रेखाएं निकलकर जीवन रेखा, शनि रेखा, मस्तिष्क रेखा को काटें तो गहरी चिंताएं बताती हैं (देखें चित्र 3/19 ए)। यदि मुख्य रेखा को काटे बिना रुक जाएं तो चिंताएं मामूली होती हैं। कुछ पामिस्ट इन्हें राहु रेखाएं कहते हैं। यदि कोई चिंता रेखा गुरु पर्वत, शनि पर्वत, सूर्य पर्वत या बुध पर्वत तक पहुंच जाए तो वह उस पर्वत का फल बढ़ा देती है, यथा गुरु पर्वत तक पहुंचने वाली राहु रेखा सम्मान बढ़ाती है। शनि पर्वत तक पहुंचे तो धन-संपत्ति, सूर्य पर्वत पर पहुंचने वाली यश तथा बुध पर्वत तक पहुंचने वाली व्यापार या वैज्ञानिक सफलता बताती है।

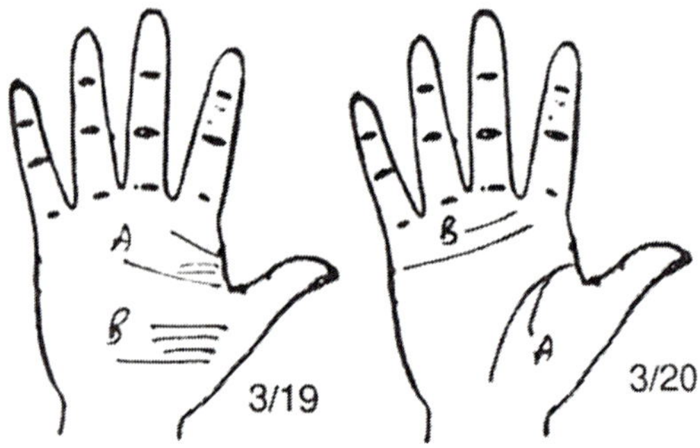

शुक्र पर्वत से जीवन रेखा, शनि रेखा तक बढ़े तो ये चिंता रेखाएं पारिवारिक जनों द्वारा दी गई चिंताएं बताती हैं (देखें चित्र 3/19 बी)। मुख्य रेखाओं को काटने वाली रेखाएं अधिक चिंताएं बताती हैं। चिंता बाधा का समय उस आयु के अनुसार तय करें जब ये शनि रेखा या जीवन रेखा को काटती हैं। यदि किसी व्यक्ति के हाथ में आक्रामक मंगल तथा शुक्र पर्वत पर कोई रेखा न हो तो व्यक्ति का अपने परिवारजनों से विशेष लगाव नहीं होता। वह जीवन संघर्ष में अकेले जूझता है।

एक शुभ समानांतर रेखा : जीवन रेखा से निकलकर मंगल रेखा के मार्ग पर चलने वाली रेखा को कुछ पामिस्ट विशेष भाग्य रेखा कहते हैं (देखें चित्र 3/20 ए)। गुरु पर्वत से निकलकर हृदय रेखा के समानांतर चलने वाली रेखा को भी विशेष भाग्य रेखा कहते हैं (देखें चित्र 3/20 बी) किंतु हम उन्हें शुभ समानांतर रेखा कहते हैं। यह हम पहले कह चुके हैं कि मुख्य रेखा के तनिक फासलों की रेखा मुख्य रेखा का फल बढ़ाती है।

रेखाओं का स्तर

पतली गहरी रेखाएं शुभ होती हैं। चौड़ी गहरी रेखाएं अशुभ होती हैं। छिछली रेखा की शक्ति कम होती है। गहरी रेखा और छिछली रेखा का अंतर समझने के लिए रेखा पर खिंचाव पैदा करें। खिंचाव से जो रेखा लुप्त हो जाए, वह छिछली है, जो स्पष्ट दिखाई दे, वह गहरी है। प्रभाव रेखाओं का छिछली होना अच्छा होता है। किसी हाथ पर मुख्य रेखाएं चौड़ी और अधिक गहरी हों तो भाग्य सामान्य होता है। यदि कहीं मोटी, कहीं पतली हो तो रेखा के पतले होने के समय से भाग्योदय होता है। मोटी रेखा का रुकना भी भाग्योदय का समय होता है।

हाथ देखते समय ध्यान रखें कि यदि कोई रेखा अपने स्थान पर पहुंचने से पहले रुके तो उसे दुर्भाग्य मत मानें बल्कि देखें कि जो रेखा मार्ग में रुकी है वह पतली गहरी है या मोटी गहरी है। यदि मोटी गहरी रुकी हो तो रुके स्थान के उपरांत बाधाएं दूर होती हैं। यदि पतली गहरी रुकी हो तो आय के नये साधन नहीं बनते, किंतु पुराने साधनों से लाभ होता रहता है। टूटी-फूटी रेखाएं, प्रभाव रेखा से कटी रेखाएं उतार-चढ़ाव और हानि-लाभ बताती हैं।

यह ध्यान रहे कि प्रभाव रेखाओं द्वारा किसी मुख्य रेखा को काटा जाना ही रेखा का काटा जाना समझा जाता है। मुख्य रेखाएं या गौण रेखाएं अपने पथ पर आगे बढ़ती हैं, तो उनके मार्ग में आने वाली मुख्य रेखा को काटना क्रॉस नहीं माना जाता।

रेखाओं के विषय में अन्य तथ्य

हाथ पर केवल पहली कोटि की मुख्य रेखाएं, यथा जीवन रेखा, मस्तिष्क रेखा और हृदय रेखा हो तो व्यक्ति का जीवन सामान्य होता है। जिस धनी या निर्धन परिवार में व्यक्ति उत्पन्न होता है, उसी पर सामान्य गति से वह यात्रा करता रहता है। उसके जीवन में उतार-चढ़ाव नहीं रहता। ऐसे व्यक्ति विशेष महत्त्वाकांक्षी नहीं होते, न ही उनकी कलाओं में रुचि होती है।

मुख्य रेखाएं पतली गहरी हों तो व्यक्ति सफल होता है। हाथ पर दूसरे वर्ग की मुख्य रेखाएं भी हों तो व्यक्ति के जीवन में महत्त्वाकांक्षा होती है। महत्त्वाकांक्षी व्यक्ति के जीवन में संघर्ष होता है। वह जिस परिवार में जन्म लेता है, उससे आगे निकलने का यत्न करता है।

यदि हाथ पर दोनों वर्ग की मुख्य रेखाओं के अतिरिक्त बहुत-सी प्रभाव रेखाएं हों तो इसका अर्थ होता है कि व्यक्ति का मन-मस्तिष्क अनेक दिशाओं में कार्य करता है। सक्रिय हाथ की रेखाएं शुभ हों तो वे आगे निकलने में सफल होते हैं। यदि सक्रिय हाथ से निष्क्रिय हाथ की रेखाएं शुभ हों तो गलत निर्णय के कारण वे अपना भाग्य बिगाड़ते हैं।

इस पुस्तक में हम आगे दूषित रेखा, शुभ रेखा, अधोमुखी रेखा, ऊर्ध्वमुखी रेखा आदि शब्दों का प्रयोग करेंगे। उनकी परिभाषा अभी समझ लें।

दूषित रेखा का अर्थ है कि अधूरी रेखा, लहरदार रेखा, टुकड़ों से बनी रेखा, रेखा पर प्रभाव रेखा द्वारा क्रॉस, मोटी रेखा, धुंधली रेखा।

शुभ रेखा का अर्थ पतली गहरी रेखा, ऊर्ध्वमुखी शाखायुक्त रेखा।

ऊर्ध्वमुखी रेखा का अर्थ है कलाई से उंगलियों की ओर जाने वाली रेखा जैसे शनि रेखा। अधोमुखी का अर्थ है उंगलियों से कलाई की ओर जाने वाली, जैसे जीवन रेखा। आड़ी रेखा का अर्थ है हथेली या हाथ की चौड़ाई के एक किनारे से दूसरे किनारे तक जाने वाली रेखा, जैसे मस्तिष्क रेखा। गोलाकार रेखा का अर्थ है तनिक-सी गोलाई लिए हुए रेखा, जैसे जीवन रेखा, मंगल रेखा, अंतर्दृष्टि रेखा या लासिवा।

यदि रेखा का कोई अंश दबा हुआ हो या उसमें गड्ढा हो तो, रेखा के इस अंश को दूषित मानें। जिस पर्वत पर गड्ढा हो, वह पर्वत कुछ सीमा तक दूषित होता है।

हस्तरेखाओं से घटनाओं का काल जानना

लगभग सभी प्रमुख हस्तशास्त्री इस बात पर सहमत हैं कि हस्तरेखाओं द्वारा किसी घटना या दुर्घटना का अनुमानित समय बताया जा सकता है, निश्चित समय नहीं बताया जा सकता।

घटनाओं का समय जानने की किसी एक विधि से सभी पामिस्ट एकमत नहीं हैं, किंतु हमने **सप्तवर्षीय** नियम को काफी समय तक ठीक पाया है। इन नियमों के मुख्य सूत्र यहां बता रहे हैं।

जीवन रेखा और शनि रेखा को **सप्तवर्षीय** नियम के अनुसार बांटते हैं। मस्तिष्क रेखा और हृदय रेखा पर हम आयु संबंधी निशान नहीं लगाते, बल्कि छोटी मस्तिष्क रेखा का अर्थ मस्तिष्क का कम विकास और छोटी हृदय रेखा का अर्थ कम भावुकता मानते हैं। बुध रेखा और सूर्य रेखा पर शनि रेखा के आयु संबंधी नियम लागू करते हैं। मंगल रेखा, जीवन रेखा की समानांतर रेखा है। उसमें वे जीवन रेखा का आयु संबंधी नियम लागू करते हैं।

पहले जीवन रेखा को लेते हैं

इस रेखा का आरंभ गुरु पर्वत के नीचे है (देखें चित्र 5/1 जीरो) और समापन कलाई के निकट है (देखें चित्र 5/1-98)। अतः बचपन के वर्षों का हाल आरंभ स्थान से देखें। रेखा के मध्य भाग से यौवन का और कलाई के निकट बुढ़ापे का हाल देखें।

जीवन रेखा पर उम्र संबंधी निशान लगाने की सरल विधि यह है कि शुक्र पर्वत के केंद्र से एक तिरछी रेखा छोटी उंगली कनिष्ठिका

की जड़ के बाहरी भाग तक लगाएं। यह रेखा जिस स्थान पर जीवन रेखा को काटती है, वह 35 वर्ष का समय है।

एक दूसरी आड़ी रेखा शुक्र पर्वत के केंद्र से हथेली के दूसरे किनारे पर सीधी लगाई जाती है। यह रेखा जीवन रेखा को जिस भाग पर काटती है, वह 49 वर्ष का समय है। एक तीसरी रेखा शुक्र पर्वत केंद्र से कलाई की ऊपरी रेखा के किनारे तक लगाई जाती है। यह रेखा जिस स्थान पर जीवन रेखा को काटती है, वह 63 वर्ष की उम्र है।

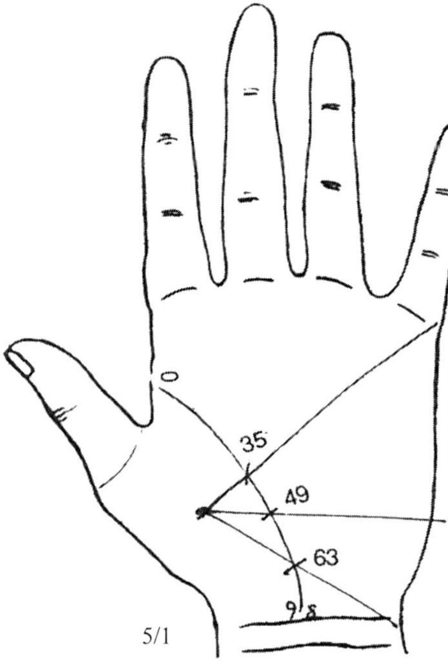

5/1

चित्र 5/1 में जीवन रेखा के अंतिम भाग पर 98 वर्ष लिखा गया है। आरंभिक भाग पर जीरो लिखा है। जीरो से 98 वर्ष के मध्य के जीवन रेखा के तीनों निश्चित समय (35-49-63) जान लेने के उपरांत आपके लिए सरल है कि आप अन्य स्थानों पर अपने विवेक से वर्षों के निशान लगाएं और रेखा की दशा के अनुसार व्यक्ति का अच्छा-बुरा समय जानें।

उन्नति, लाभ और कैरियर जानने का समय और नियम

चित्र 5/2 में आप एक खड़ी रेखा देख रहे हैं। यह शनि रेखा है। इस रेखा पर आयु के अनुसार निशान लगाने की विधि बता रहे हैं।

इस रेखा का आरंभ कलाई से है (देखें चित्र 5/2 जीरो) तथा समापन स्थल मध्यमा उंगली का आधार है (देखें चित्र 5/2-91) । अत: इस रेखा पर बचपन की घटनाएं कलाई के निकट से देखी जाती हैं। यौवन की मध्य भाग पर और बुढ़ापे की शनि पर्वत पर।

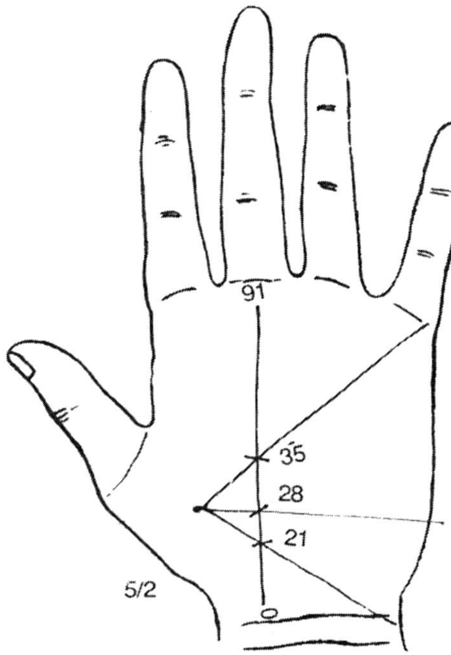

5/2

चित्र 5/2 में शुक्र पर्वत को केंद्र बनाकर कलाई की ओर एक तिरछी रेखा लगाई जाती है। इससे शनि रेखा पर जो जंक्शन बनता है, उस पर 21 वर्ष का निशान लगाया गया है और कनिष्ठिका के आधार के एक किनारे से शुक्र के केंद्र तक एक तिरछी रेखा लगाने से शनि रेखा पर 35 वर्ष का निशान लगाया गया है। शुक्र पर्वत के केंद्र से एक आड़ी रेखा हथेली के दूसरे किनारे तक लगाई गई है। यह जंक्शन शनि रेखा पर 28 वर्ष की उम्र बताता है।

0, 21, 28, 35, 91 के इन निशानों के मध्य आप अपने विवेक के अनुसार वर्षों के निशान लगाएं। इन निशानों के अनुसार शनि रेखा की स्थिति देखकर आप धन-संपत्ति की दृष्टि से अच्छा और बुरा समय जान सकते हैं।

कुछ पामिस्ट मस्तिष्क रेखा पर 35 वर्ष तथा हृदय रेखा पर 50 वर्ष का निशान लगाते हैं। ये दोनों रेखाएं हर हाथ पर एक से स्थान पर नहीं होतीं, इसलिए काम चलाने के तौर पर उस नियम से काम चला लें, किंतु अच्छा उपाय वही है जो हमने इस अध्याय में बताया है।

2. संतान तथा परिवार संबंधी प्रश्नों के उत्तर

हथेली के लंबवत् दो भाग करने से अंगूठे की ओर का भाग चेतन मन का प्रतिनिधित्व करता है तथा उष्णता की मात्रा बताता है और कनिष्ठिका की ओर का भाग अचेतन मन का प्रतिनिधित्व करता है तथा शीतलता की मात्रा बताता है (देखें चित्र 8/1)।

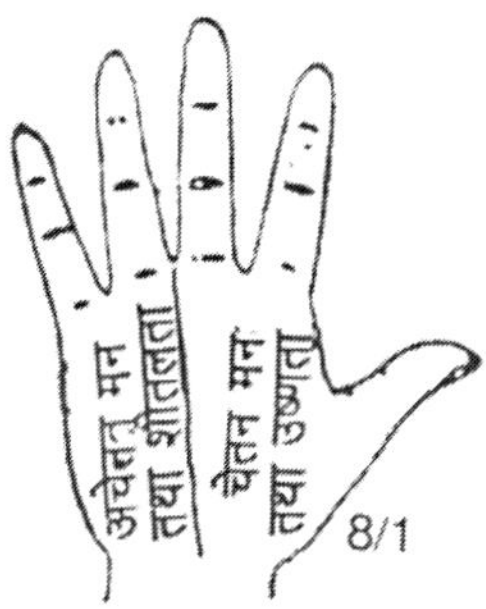

8/1

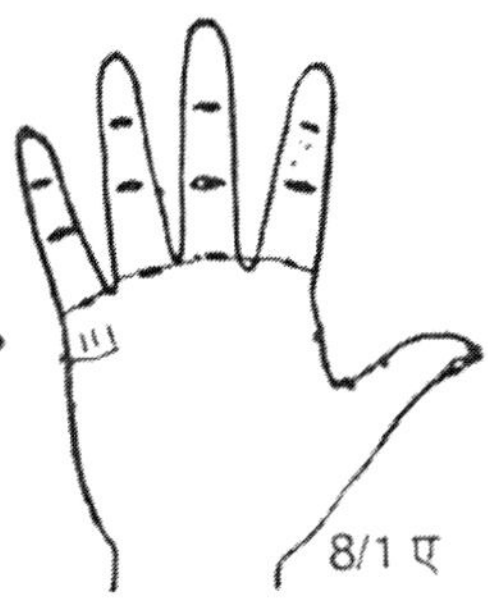
8/1 ए

संतान और परिवार का संबंध उष्णता तथा चेतन मन से है, अर्थात् अंगूठे की ओर के हाथ के आधे भाग से है।

पश्चिमी देशों की पामिस्ट्री में कामभाव की रेखाओं के ऊपर खड़ी रेखाओं को संतान रेखाएं कहा गया है (देखें चित्र 8/1-ए), किंतु भारतीय सामुद्रिक शास्त्र अंगूठे के आसपास के क्षेत्र को परिवार का क्षेत्र मानता है। हमारे अनुभव के अनुसार इस विषय में भारतीय सामुद्रिक शास्त्र ठीक है, क्योंकि जीवन का उद्‌गम तर्जनी और शुक्र पर्वत की ओर का हथेली का भाग है तथा मस्तिष्क के विकास का क्षेत्र कनिष्ठिका से चंद्र पर्वत तक का भाग है। कलाई की रेखाएं (मणिबंध रेखाएं) दोनों क्षेत्रों के मध्य समन्वय का कार्य करती हैं। इसलिए वे भी महत्वपूर्ण हैं, किंतु संतान संबंधी प्रश्नों के उत्तर पाने

के लिए शुक्र पर्वत और उसके आसपास के क्षेत्र पर संकेत मिलते हैं, क्योंकि शुक्र पर्वत का कामशक्ति से भी संबंध है।

संतान संबंधी रेखाएं व्यक्ति की प्रजनन शक्ति बताती हैं। यदि स्त्री या पुरुष में से एक में प्रजनन शक्ति हो, दूसरे में नहीं हो तो रेखाओं के फल नहीं निकलते। इसलिए संतान संबंधी प्रश्नों के उत्तर देते समय पति-पत्नी दोनों के हाथ देखें और तभी भविष्यवाणी करें। दोष हो तो उपाय या इलाज बताते समय ध्यान रखें कि आपका उपाय किसी एक पात्र को पीड़ित करने का कारण न बने, इसलिए उचित है कि यदि एक के हाथ में दोष हो तो भी दोनों को उपाय बताएं ताकि एक पक्ष दूसरे को व्यंग्य बाण से छलनी न कर सके।

संतान का विषय

संतान संबंधी प्रश्नों का उत्तर देते समय सर्वप्रथम अंगूठा मूल की द्वीपयुक्त रेखा और शुक्र पर्वत देखें। मणिबंध की आकृति देखें, तत्पश्चात् हृदय रेखा, जीवन रेखा, मस्तिष्क रेखा और शनि रेखा देखें।

अंगूठे के आधार पर बड़े द्वीप जितने हों (देखें चित्र 8/2)। उतनी नर संतानें, छोटे द्वीप कन्या संतानें बताती हैं। दोनों हाथ देखें। यदि दोनों हाथों में एक जैसे द्वीप हों तो निश्चित कह सकते हैं, यदि एक हाथ में हों तो संभावना बतानी चाहिए।

अंगूठे के मूल के बाहरी भाग से शुक्र पर्वत पर अंगूठे के आधार पर निकट आने वाली रेखाएं संतानों की संख्या बताती हैं (देखें चित्र 8/3)। बड़ी रेखाएं लड़के, छोटी लड़कियां। उनमें से जो निर्दोष हों, वे स्वस्थ संतानें होती हैं और सहायक होती हैं। दूषित रेखाएं, अस्वस्थ संतानें, अल्पजीवी या असहायक संतानें होती हैं।

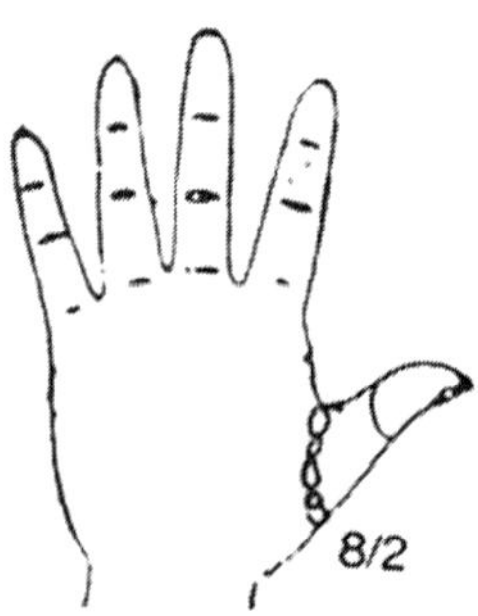
8/2

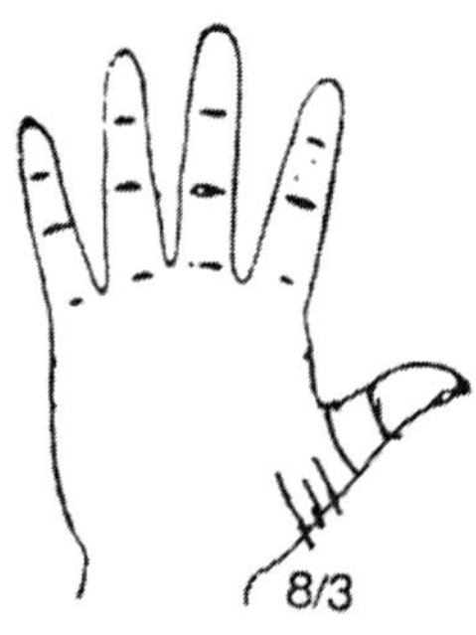
8/3

जीवन रेखा गोलाई लिए हो, उससे शनि रेखा निकले, मस्तिष्क रेखा निर्दोष हो (देखें चित्र 8/4), तो संतान भाग्योदेय लेकर आती है। संतान का समय जानने के लिए देखें कि जीवन रेखा से शनि रेखा किस आयु से निकली। समय जीवन रेखा के आयु संबंधी नियम के अनुसार बताएं।

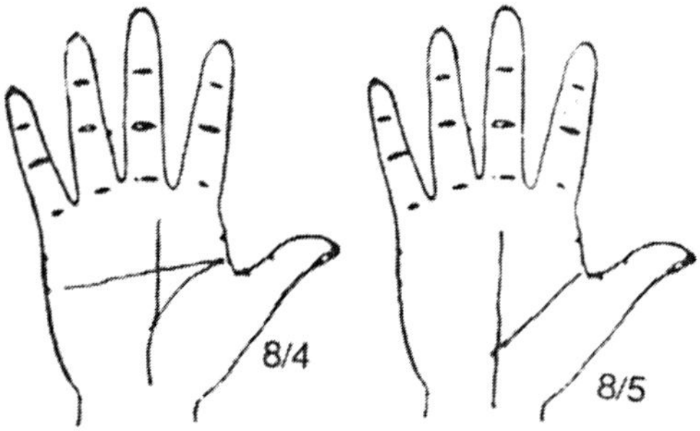

जीवन रेखा सीधी हो तो उसके दोष का निवारण तब होता है, जब शनि रेखा मध्यमा की ओर जाती हुई जीवन रेखा को स्पर्श करती है (देखें चित्र 8/5)। संतान संबंधी प्रश्न में यह समय संतानोत्पत्ति का समय है। समय शनि रेखा के नियम के अनुसार देखें कि जीवन रेखा कब शनि रेखा के निकट आई।

जीवन रेखा गुरु पर्वत से उदित हो (देखें चित्र 8/6) अथवा जीवन रेखा की शाखा गुरु पर्वत को गई हो और जीवन रेखा पूरी हो, तो अनेक संतानें होती हैं।

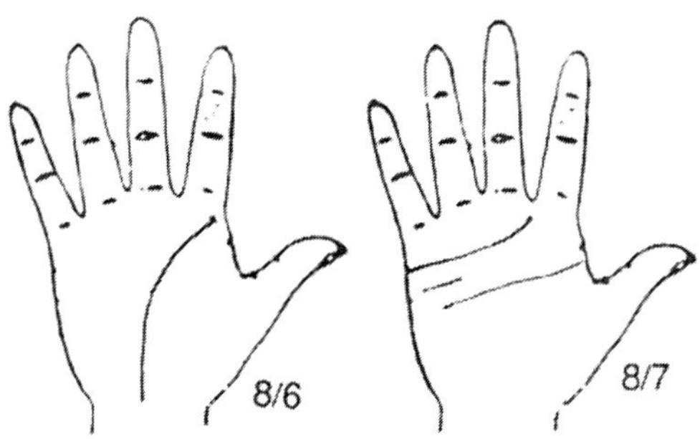

हृदय रेखा और मस्तिष्क रेखा के मध्य छोटी समानांतर रेखा, जो रक्षात्मक मंगल पर होती है (देखें चित्र 8/7), वह भी संतान की संभावना बताती है।

हृदय रेखा अंत में यानी रक्षात्मक मंगल और बुध पर्वत के मध्य कई शाखाओं में बंटे (देखें चित्र 8/8), तो संतानें अवश्य होती हैं।

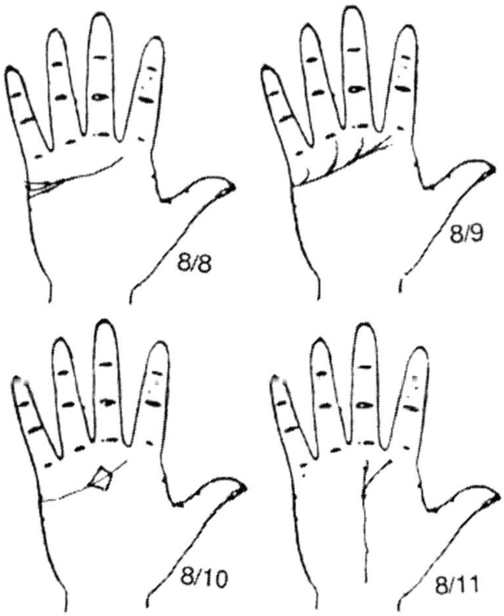

8/8 8/9 8/10 8/11

हृदय रेखा की शाखाएं उंगलियों की ओर क्रमश: बारीक होती जाएं (देखें चित्र 8/9), तो बच्चों के कारण व्यक्ति का सौभाग्य बढ़ता है।

हृदय रेखा के ऊपर और नीचे दो त्रिकोण मिलकर एक वर्ग का आकार बनाएं (देखें चित्र 8/10), तो संतान अवश्य होती है।

अच्छी शनि रेखा के रहते हुए अच्छी शाखायुक्त हृदय रेखा संतान सुख बताती है।

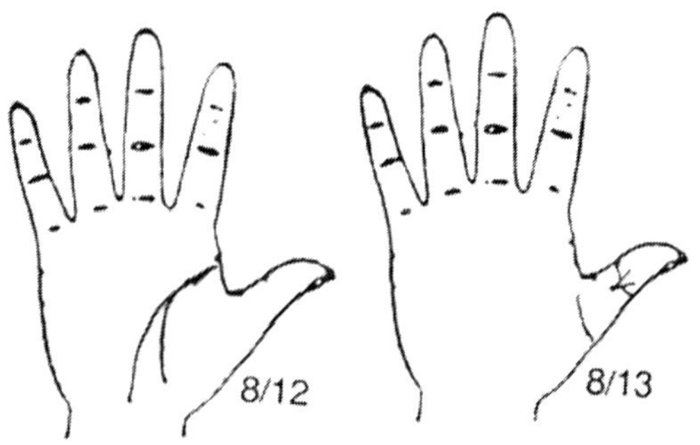

8/12 8/13

शनि रेखा, शनि पर्वत पर पहुंचकर दो शाखायुक्त हो जाए, एक शाखा गुरु पर्वत को जाए (देखें चित्र 8/11), तो संतान अवश्य होती है।

जीवन रेखा से निकलकर आक्रामक मंगल के क्षेत्र में जीवन रेखा के समानांतर चलने वाली शाखा (देखें चित्र 8/12) संतान के साथ व्यक्ति का अच्छा संबंध बताती है।

अन्य लक्षण के साथ शुक्र पर्वत की पुष्टता देखें। पुष्ट शुक्र पर्वत से संतान की संभावना होती है। अविकसित संभावना घटाता है। अपुष्ट पर्वत पर जाल विकसित जैसा फल देता है। उसी प्रकार अनेक लक्षण देखने चाहिए।

संतान उत्पत्ति में बाधक हस्तलक्षण

यदि अंगूठे के दो पोरों के मध्य वी (v) का चिह्न हो (देखें चित्र 8/13), तो संतान उत्पत्ति में बाधा होती है।

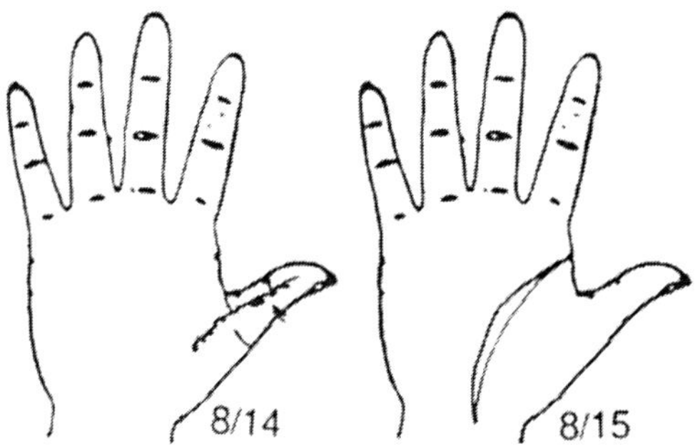

8/14 8/15

अंगूठे के पहले पोर से गुंथी हुई प्रभाव रेखा निकलकर शुक्र पर्वत पर आए (देखें चित्र 8/14), तो यह संतानहीनता का लक्षण है।

जीवन रेखा दुहरी होकर बड़े द्वीप का आकार बनाए (देखें चित्र 8/15), तो कमजोर संतान या गर्भपात की आशंका रहती है।

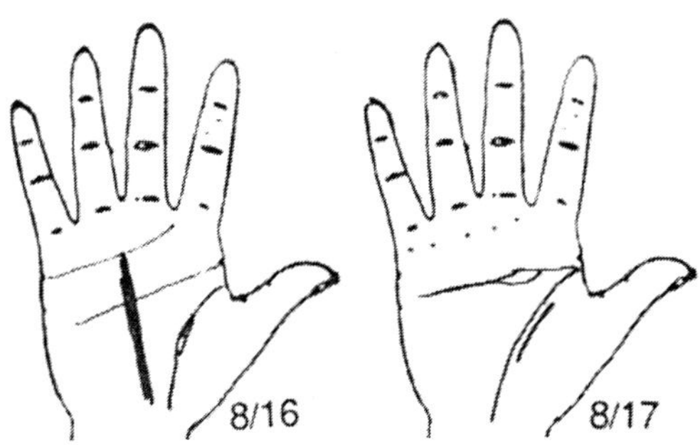

8/16 8/17

जीवन रेखा द्वीपयुक्त हो, शुक्र पर्वत का घेरा छोटा करे, मोटी शनि रेखा हृदय रेखा पर रुके (देखें चित्र 8/16), तो नर-संतान में बाधा समझें।

जीवन रेखा के साथ कुठार रेखा हो, शनि क्षेत्र में मस्तिष्क रेखा में द्वीप हो (देखें चित्र 8/17), तो संतान उत्पत्ति में बाधा।

दुहरी मस्तिष्क रेखा के सिरे मिलकर द्वीप का आकार बनाएं (देखें चित्र 8/18), तो संतान बाधा है।

स्त्री की मस्तिष्क रेखा पर, बुध रेखा के मिलन स्थल पर स्टार हो (देखें चित्र 8/19), तो भी संतान बाधा।

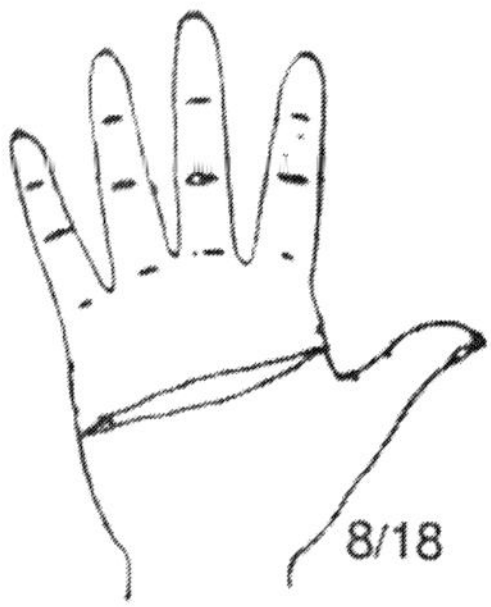
8/18

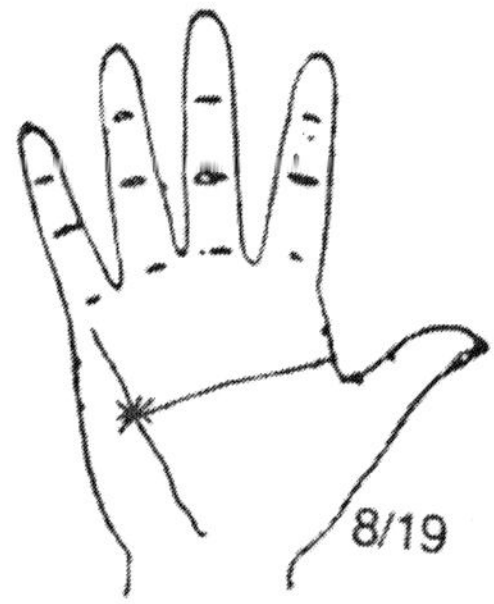
8/19

हृदय रेखा शाखाहीन हो तो संतान उत्पत्ति में बाधा।

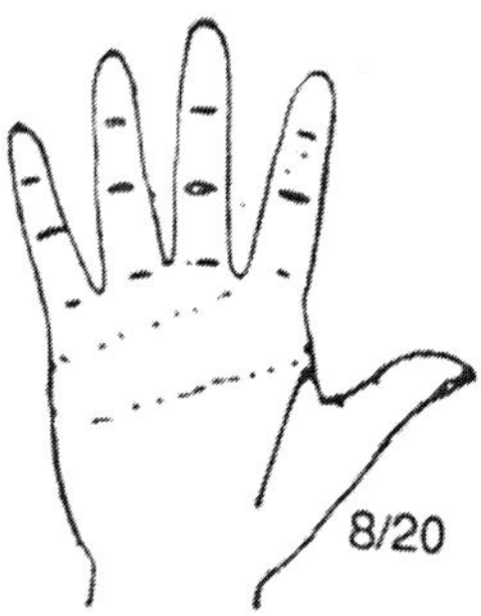
8/20

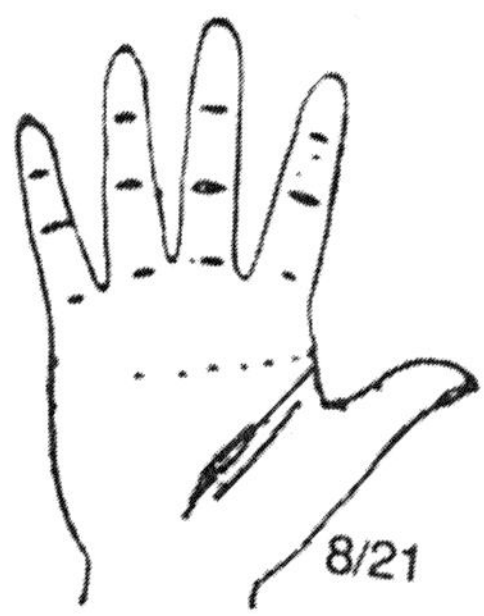
8/21

जीवन रेखा सीधी होकर शुक्र पर्वत पर जाए (देखें चित्र 8/20), तो यह संतानहीनता का संकेत है।

जीवन रेखा सीधी हो, उसमें द्वीप हो, साथ ही कुठार रेखा हो (देखें चित्र 8/21), तो संतान उत्पत्ति में बाधा।

प्रथम मणिबंध बड़े द्वीपों से बना हो (देखें चित्र 8/22) तो संतान बाधा। छोटे द्वीपों की माला शुभ होती है।

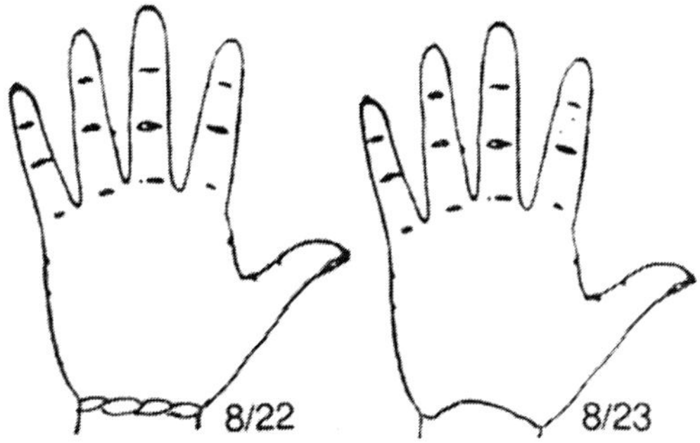

8/22 8/23

प्रथम मणिबंध गोलाकार हो, उसकी गोलाई का रुख हथेली की ओर हो (देखें चित्र 8/23), तो संतान बाधा। अन्य लक्षण अच्छे हों तो देर से संतान।

कष्टकर संतान के लक्षण

अंगूठे के दो पोरों के मध्य के जोड़ पर लहरिया रेखा हो (देखें चित्र 8/24), तो संतान से अधिक सुख की आशा न करें।

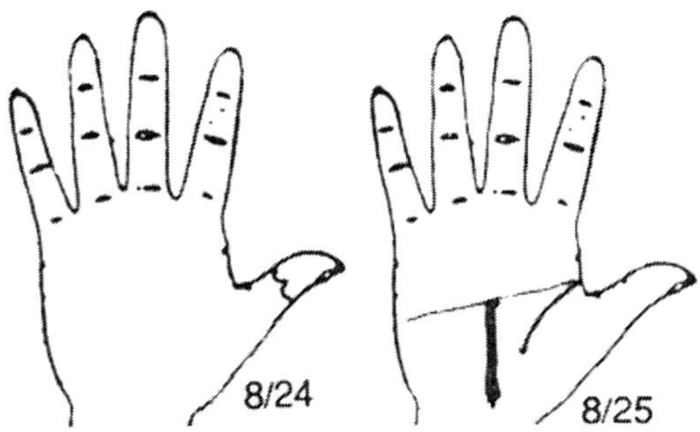

8/24 8/25

जीवन रेखा अधूरी हो और मोटी शनि रेखा मस्तिष्क रेखा पर रुके (देखें चित्र 8/25), तो संतान की ओर से चिंता लगी रहती है।

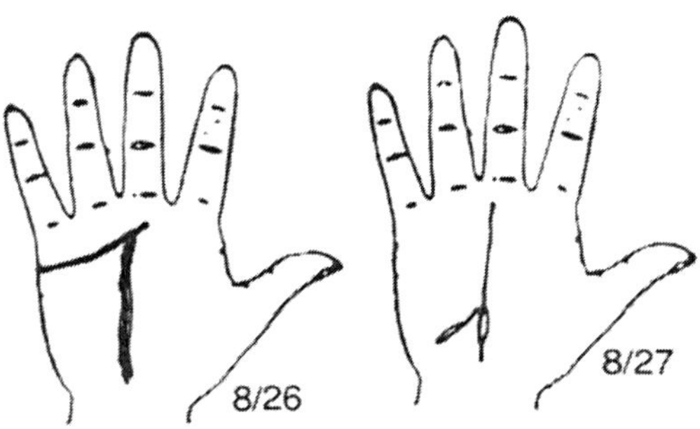

8/26 8/27

हृदय रेखा मोटी हो, शनि पर्वत से आरंभ हो और हृदय रेखा पर मोटी शनि रेखा रुके (देखें चित्र 8/26), तो संतान के कारण चिंता रहेगी।

चंद्र पर्वत की प्रभाव रेखा द्वीप से आरंभ हो, द्वीपयुक्त शनि रेखा में मिले (देखें चित्र 8/27), तो संतान सुख में कमी समझें।

शुक्र पर्वत पर मंगल रेखा की समानांतर रेखाएं टूटी-फूटी हों (देखें चित्र 8/28), तो संतान सुख में बाधा होती है।

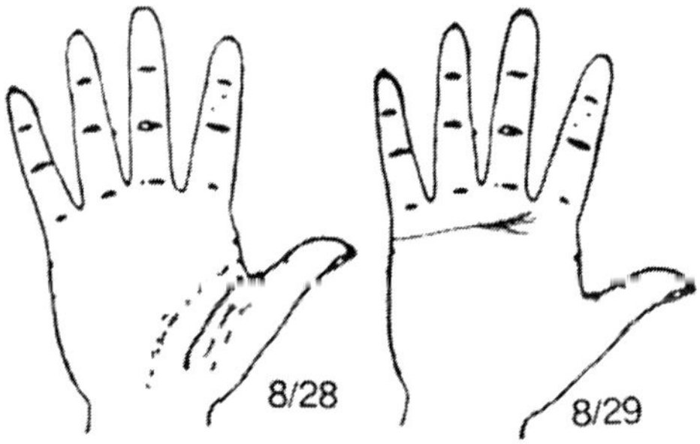

माता-पिता तथा परिवार संबंधी हस्तलक्षण

अध्याय-7 में हमने भारतीय सामुद्रिक शास्त्र के संदर्भ में बताया है कि पुरुष के बाएं हाथ की हृदय रेखा उसकी पत्नी के विषय में बताती है, स्त्री के दाएं हाथ की हृदय रेखा उसके पति के विषय में बताती है। प्रस्तुत अध्याय में हम इसी विषय को आगे बढ़ा रहे हैं कि पुरुष की बाएं हाथ की मस्तिष्क रेखा (मातृ रेखा) उसकी सास के विषय में और जीवन रेखा (पितृ रेखा) ससुर के विषय में बताती है। स्त्री की दाएं हाथ की मस्तिष्क रेखा उसकी सास के विषय में तथा जीवन रेखा उसके ससुर के विषय में बताती है। इस विषय में अन्वेषण जारी हैं। पाठकगण अपने मित्रों, संबंधियों के हाथ देखकर इस सत्यतता की जांच करते रहें।

गुरु पर्वत से आरंभ जीवन रेखा के व्यक्ति को माता-पिता या संरक्षक का भरपूर प्यार मिलता है। गुरु पर्वत की कोई रेखा मंगल रेखा को छुए तो भी यही फल होता है।

गुरु पर्वत की प्रभाव रेखा मस्तिष्क रेखा को छुए तो माता का सुख लंबे समय तक है।

हृदय रेखा का आरंभ कई शाखाओं से हो (देखें चित्र 8/29),

तो माता-पिता दीर्घायु होते हैं। ध्यान रहे, हृदय रेखा का आरंभ गुरु पर्वत की ओर से होता है। समापन बुध पर्वत और रक्षात्मक मंगल के मध्य होता है।

अंगूठे के दो पोरों के मध्य की विभाजक रेखा दोनों ओर शाख. ायुक्त हो (देखें चित्र 8/30), तो मातृ-सुख से वंचित।

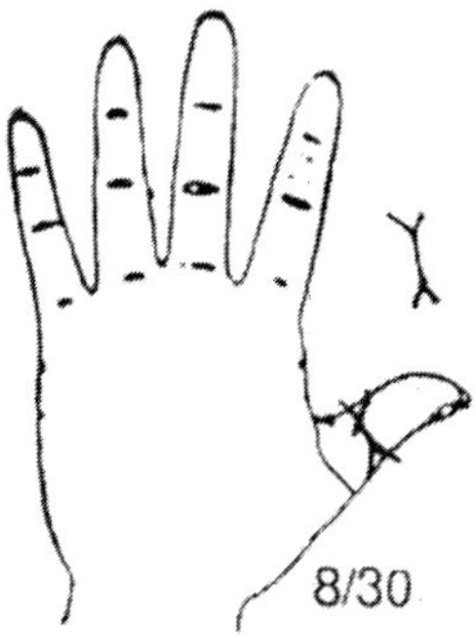
8/30

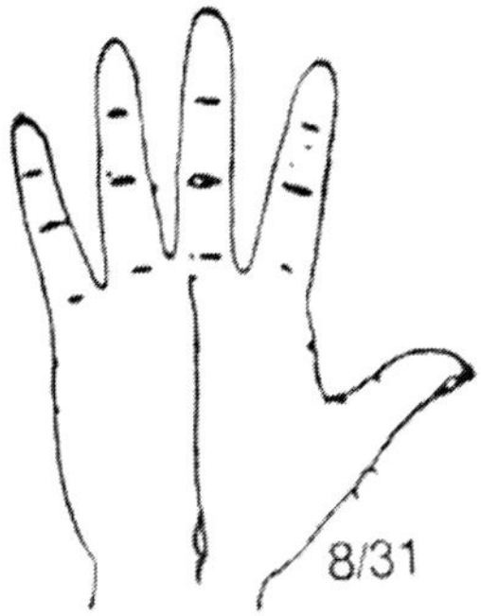
8/31

शनि रेखा आरंभ से द्वीपयुक्त हो (देखें चित्र 8/31) या दो शाख. ायुक्त हो (देखें चित्र 8/32) या उसके आरंभ में क्रॉस हो (देखें चित्र 8/33), तो माता-पिता संरक्षक के सुख से वंचित।

जीवन रेखा और मस्तिष्क रेखा के आरंभ में स्टार हो (देखें चित्र 8/34), तो बचपन में परिवार में अनेक दुःखद समाचार।

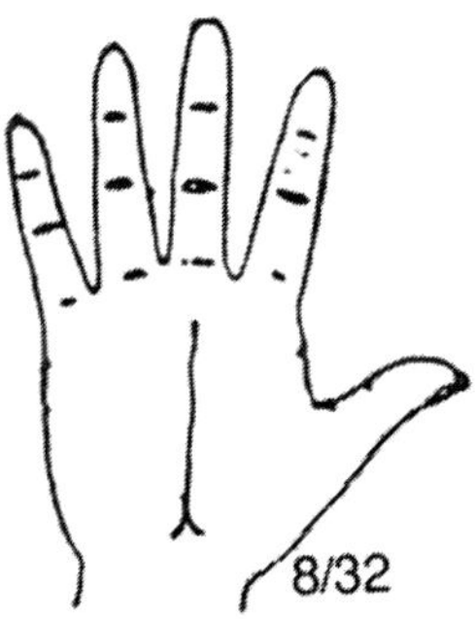
8/32

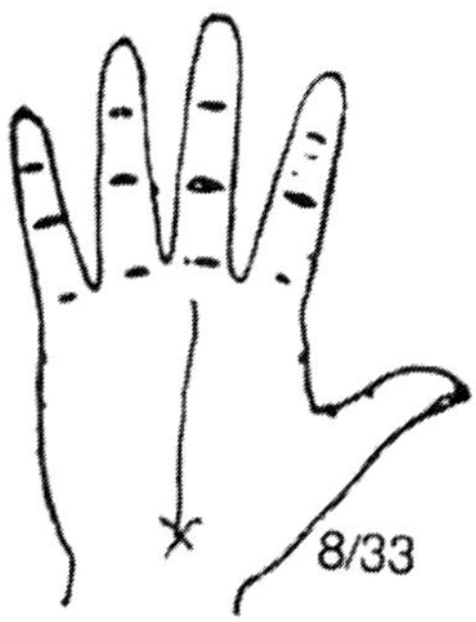
8/33

जीवन रेखा से गुरु पर्वत की ओर गई शाखा पर स्टार हो (देखें चित्र 8/35), तो परिवार में किसी व्यक्ति का अनिष्ट।

जीवन रेखा आरंभ से दो शाखाओं में बंटे, एक शाखा शुक्र पर्वत का घेरा पूरा करे और दूसरी शाखा कलाई की ओर जाए (देखें चित्र

8/36), तो व्यक्ति बचपन में अन्य के संरक्षण में पलता है। यह योग विदेश यात्रा का भी है।

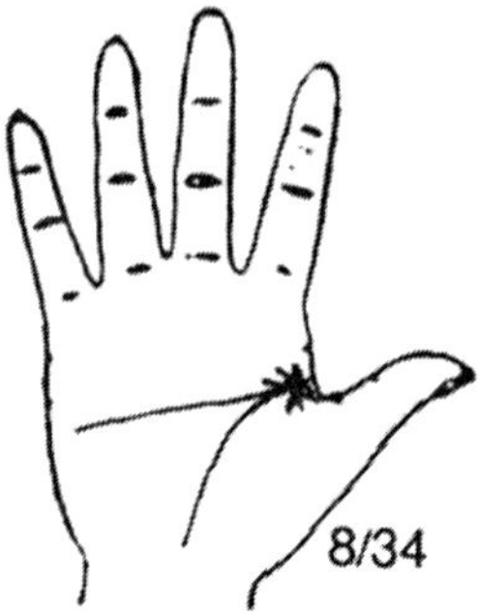

8/34

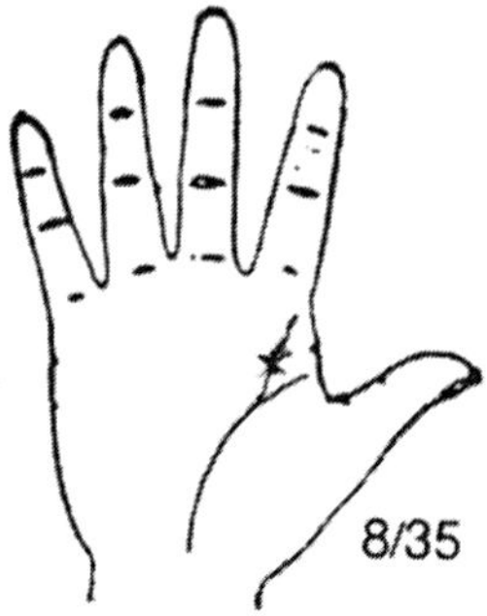

8/35

मंगल रेखा सामान्यतः जीवन रेखा के समानांतर अलग से उदित होती है। यदि मंगल रेखा अलग से उदित होने की बजाय जीवन रेखा की शाखा के रूप में उदित हो और जीवन रेखा के भीतर समानांतर चलती हुई शुक्र पर्वत का घेरा पूरा करे, तो सवाली को संतान का प्यार मिलता है और माता-पिता का प्यार तथा विरासत भी मिलती है (पुनः देखें चित्र 8/12)।

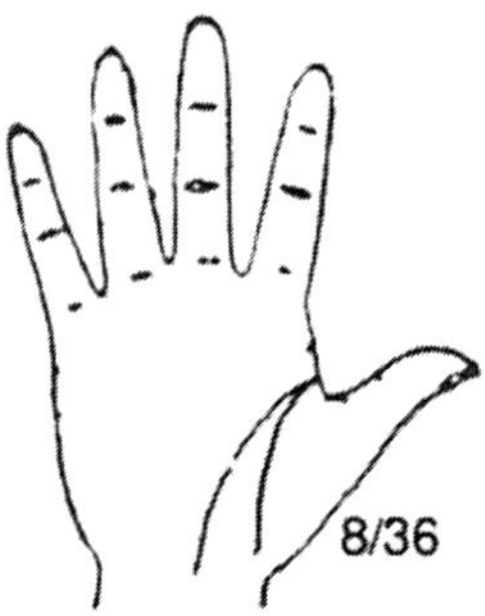

8/36

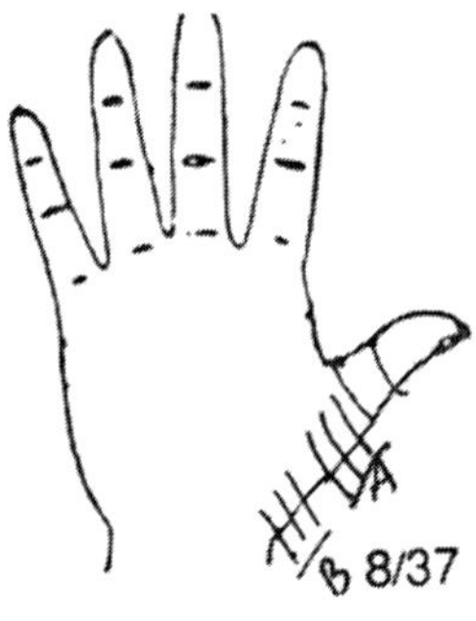

8/37

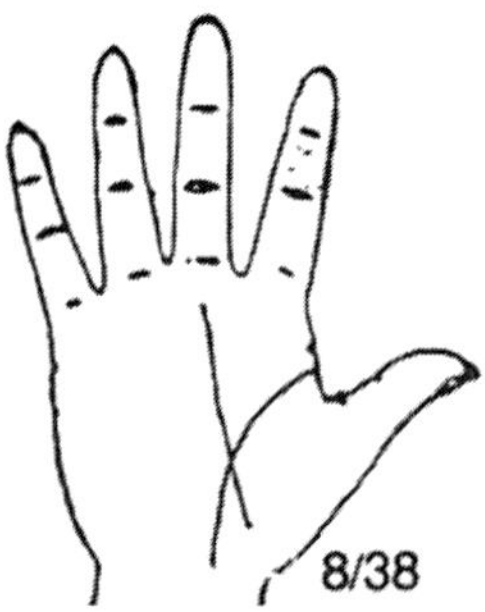

8/38

शुक्र पर्वत पर अंगूठे के निकटतम भाग पर संतान संबंधी रेखाएं होती हैं (देखें चित्र 8/37–ए), कलाई के निकट के शुक्र पर्वत के भाग पर बनी रेखाएं भाई–बहनों की रेखाएं होती हैं। भाई–बहन रेखाओं में से बड़ी रेखाएं भाई और छोटी रेखाएं बहनों की संख्या है।

पारिवारिक जिम्मेवारियों के विषय में लक्षण

शनि रेखा जीवन रेखा के अंदर से, शुक्र पर्वत से उदित हो तो घर की जिम्मेदारियों से मुक्ति तभी मिलती है, जब शनि रेखा, जीवन रेखा से अलग होकर शनि के क्षेत्र में प्रवेश करे (देखें चित्र 8/38)। स्त्री के हाथ में ऐसी रेखा हो तो लड़की परिवार के लिए अपने सुख का त्याग करती है। यदि अन्य लक्षण बुरे हों तो वह सोसायटी गर्ल बन सकती है।

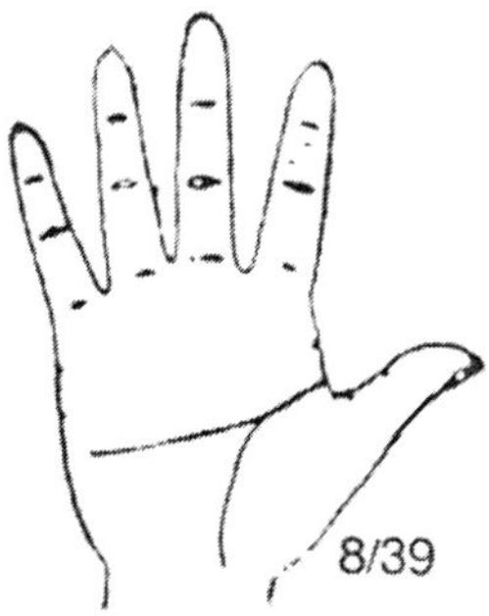
8/39

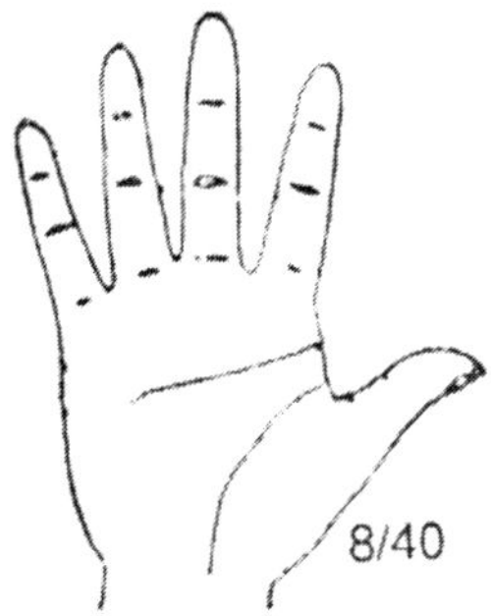
8/40

मस्तिष्क रेखा जीवन रेखा से दूर तक मिली हुई हो तो व्यक्ति तब तक जिममेदारियों से कुंठित रहता है, जब तक मस्तिष्क रेखा जीवन रेखा से अलग नहीं होती (देखें चित्र 8/39)। समय जीवन रेखा के आयु संबंधी नियम के अनुसार बताएं।

मस्तिष्क रेखा और जीवन रेखा के उदय स्थल के मध्य फासला अधिक हो (देखें चित्र 8/40), तो व्यक्ति पारिवारिक जिम्मेदारियों से मुक्त होता है।

जीवन रेखा से लगता हुआ शनि रेखा में द्वीप, उस समय पारिवा. रिक स्थिति खराब बताता है। समय शनि रेखा के नियमानुसार निश्चित करें (देखें चित्र 8/41)।

जीवन रेखा के निकट शनि रेखा का समय पारिवारिक जिम्मेदारियों का होता है (देखें चित्र 8/42)। शनि रेखा मोटी हो तो दोष बढ़ता है।

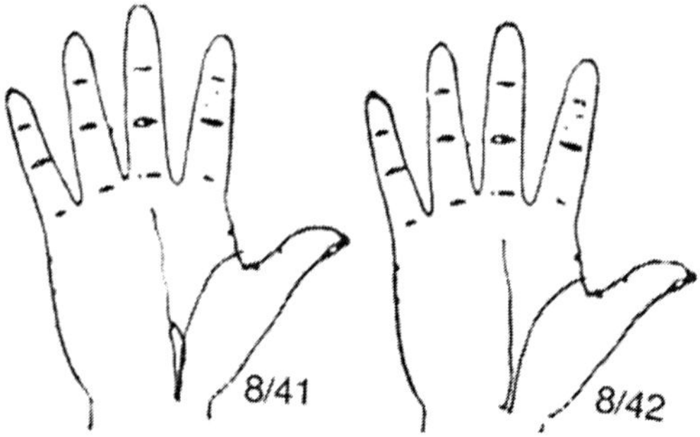

तीन प्रमुख रेखाएं पतली, गहरी, निर्दोष हों, तो बड़ा परिवार, आय-व्यय के साधन बनते रहते हैं।

यह कहना आवश्यक है कि संतान, भाई-बहन और माता-पिता संबंधी रेखाएं तभी बनती हैं, जब व्यक्ति का उन संबंधियों से हार्दिक लगाव रहता है या हार्दिक वैमनस्य होता है। बिना किसी मानसिक संबंध के व्यक्ति के हाथ पर परिवार संबंधी रेखाएं नहीं बनती हैं। ऐसे व्यक्ति का हाथ देखना सबसे कठिन कार्य होता है। उसके हाथ और उंगलियों की बनावट और रेखाओं की मोटाई या पतलापन देखकर फल की संभावना बतानी चाहिए।

3. स्वास्थ्य, रोग तथा आयु संबंधी हस्त लक्षण

स्वास्थ्य संबंधी प्रश्नों के उत्तर के लिए सर्वप्रथम जीवन रेखा और हृदय रेखा देखनी चाहिए। तत्पश्चात् बुध रेखा और मस्तिष्क रेखा देखें। रेखाएं इतना भर बताती हैं कि अमुक आयु में व्यक्ति की शारीरिक, दिमागी या भावना संबंधी क्षमता कम या अधिक होगी, किंतु इससे रोग का पता नहीं लगता। रोग का पता लगाने के लिए नाखून, पर्वत तथा फिंगर प्रिंट्स देखें।

आयु संबंधी प्रश्न

आयु ईश्वर के अधीन है, इसलिए उसके विषय में स्पष्ट भ. विष्यवाणी नहीं करनी चाहिए। हाथ केवल व्यक्ति की जीवन-क्षमता बताता है कि व्यक्ति में कितनी जीवन-शक्ति है। जीवन-शक्ति को घटाने-बढ़ाने के उपाय व्यक्ति को करने चाहिए। व्यक्ति को हैजा हो जाए, वह यह सोचकर हैजे का इलाज न करे कि जीवन रेखा लंबी है, यह उचित नहीं है। व्यक्ति में जीवन-शक्ति अधिक है तो इलाज के पहुंचने तक व्यक्ति के अंदर की प्रतिरोधी व्यवस्था (Immunity) उसे जीवित रखती है। इलाज मिलने पर व्यक्ति बच जाता है, किंतु जीवन-शक्ति कम हो तो इलाज के पहुंचने तक व्यक्ति की जीवन-ल. ीला समाप्त हो जाती है।

अनुभवी पामिस्ट कहते हैं कि अकेले जीवन रेखा की लंबाई देखकर आयु मत बताएं। अन्य रेखाएं भी देखें, क्योंकि एक रेखा का प्रभाव दूसरी रेखा पर भी पड़ता है, जैसे कि हमने इस भाग के आरंभ में बताया है कि यदि किसी व्यक्ति को मधुमेह है तो उसके ब्लडप्रेशर पर प्रभाव पड़ता है। यदि ब्लडप्रेशर है तो अन्य भागों पर भी उसका प्रभाव पड़ता है, वैसा ही रेखाओं का संबंध है।

कुछ स्थितियां ऐसी भी आती हैं कि व्यक्ति की जीवन-शक्ति किसी काम नहीं आती है, उदाहरणतः एक व्यक्ति ट्रेन से यात्रा कर रहा है और ट्रेन को आतंकवादियों ने बम से उड़ा दिया है या दो गाड़ियों की टक्कर हो जाती है या भूकंप आ जाता है, ऐसी स्थितियों में जीवन रेखा और हृदय रेखा निर्दोष और पूरी हो तो भी अनिष्ट हो सकता है। यह बात पामिस्ट के समझने की है। सवाली को कितना बताना है, यह निर्णय पामिस्ट अपने विवेक से करे।

इन सब संभावनाओं को देखकर मृत्यु का समय नहीं बताना चाहिए। जिस आयु में मृत्यु के लक्षण हों, तो भी उस आयु में जानलेवा रोग कह सकते हैं। अभी से जीवन-शक्ति बढ़ाने की सलाह देनी चाहिए या उपाय बताना चाहिए, जिससे व्यक्ति में आशा का संचार बना रहे और वह अपनी जीवन-शक्ति को बढ़ाकर स्वस्थ रह सके। व्यक्ति में जिस रोग के पनपने की अधिक संभावना हो, वह बताकर हस्तलक्षण की चेतावनी के अनुसार परहेज करने की सलाह देनी चाहिए।

इसी पुस्तक के चौथे भाग में हस्तछाप नं. 9 क, ख में जीवन रेखा को देखकर बड़ी आसानी से 63 वर्ष की आयु में मृत्यु की भविष्यवाणी की जा सकती है, किंतु वह व्यक्ति जिस समय मेरे पास आया था, उसकी आयु 67 वर्ष की थी, उसके लिए यह रेखा पारिवारिक खराब स्थिति की द्योतक थी, अतः मृत्यु का समय बताते समय अत्यंत सावधानी बरतनी चाहिए।

आयु संबंधी कुछ लक्षण

दोनों हाथों की जीवन रेखा, मस्तिष्क रेखा, हृदय रेखा छोटी हो तो जीवन रेखा के आयु संबंधी नियम के अनुसार उस आयु में जानलेवा रोग बताएं और जीवन-शक्तिवर्द्धक उंगली मुद्रा, हृदय-शक्तिवर्द्धक

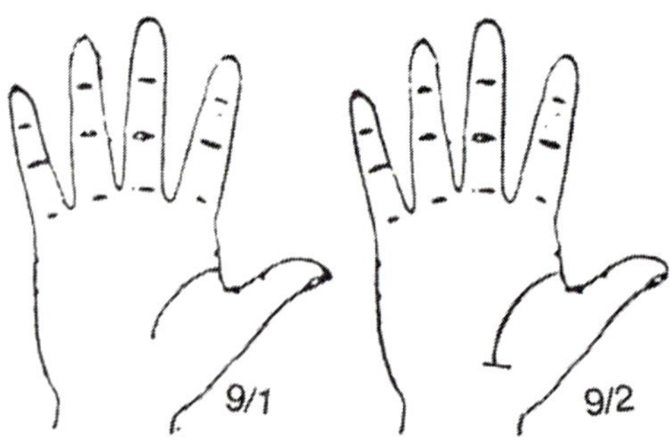

उंगली मुद्रा और मस्तिष्क-शक्तिवर्द्धक उंगली मुद्रा का अभ्यास कराएं। ये उंगली मुद्राएं इसी पुस्तक के भाग 3 में पढ़ें। यदि एक हाथ में रेखाएं छोटी हों, दूसरे में पूरी हों तो आशंका घट जाती है।

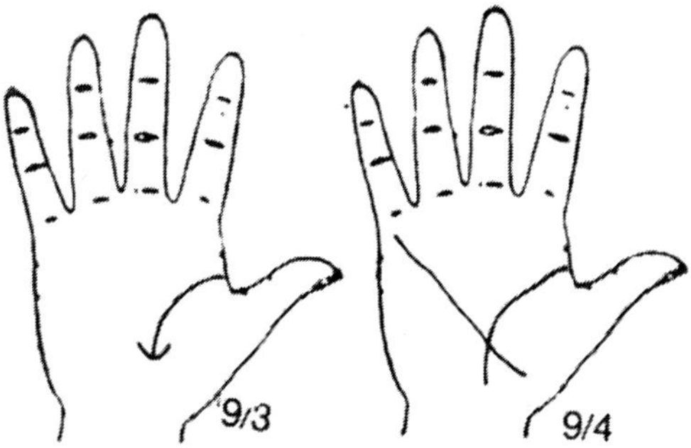

केवल जीवन रेखा छोटी हो तो उसके कारण आर्थिक समस्या और पारिवारिक समस्या भी हो सकती है (देखें चित्र 9/1)। यदि जीवन रेखा के समापन स्थल का सिरा आड़ी रेखा द्वारा कटा हो (देखें चित्र 9/2) या उसको उल्टा ब्रेकेट काटे (देखें चित्र 9/3), तो जीवन के लिए अनिष्टकारी है। यदि जीवन रेखा उस कटाव के बाद जारी रहे, तो उस आयु के उपरांत अनिष्ट का निवारण जानें।

जीवन रेखा के समापन स्थान पर स्टार या क्रॉस जीवन के लिए अनिष्टकारी। यदि क्रॉस या स्टार के उपरांत रेखा जारी रहे तो अनिष्ट का निवारण जानें।

बुध रेखा जीवन रेखा को काटे, वह समय पुराने पामिस्ट मृत्यु काल को बताते हैं, किंतु देखना चाहिए कि काटे स्थान के बाद जीवन रेखा जारी रहती है या नहीं। इस आयु में जटिल रोग बताना चाहिए। यदि इस जंक्शन के बाद जीवन रेखा समाप्त हो जाए तो दोनों हाथ देखकर जानलेवा रोग कहें। यदि जारी रहे (देखें चित्र 9/4), तो बचने की संभावना बताएं।

हृदय रेखा को भारतीय सामुद्रिक शास्त्र में आयु रेखा कहा गया है। यह सच भी है क्योंकि जीवन का चक्र हृदयगति पर निर्भर है। इसलिए जीवन रेखा के दोष को देखकर हृदय रेखा में अनुमोदन देखें। यदि अनुमोदन मिले तो आशंका प्रबल मानें, यदि अनुमोदन न मिले तो आशंका धुंधली होती है।

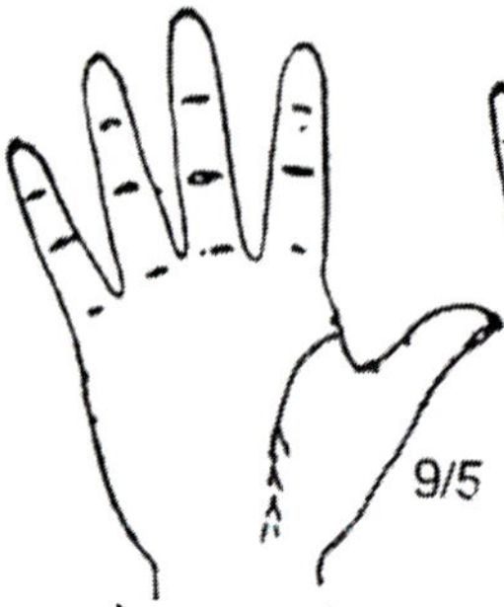
9/5

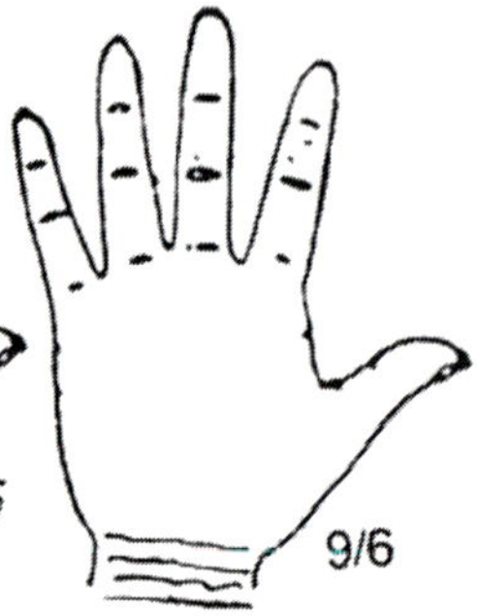
9/6

हृदय रेखा और जीवन रेखा गहरी तथा पूरी हो तो व्यक्ति दीर्घजीवी और स्वस्थ होता है।

जीवन रेखा और हृदय रेखा छोटी हों या दूषित हों, किंतु शुक्र पर्वत विकसित हो तो स्वास्थ्य संबंधी दोष घट जाता है।

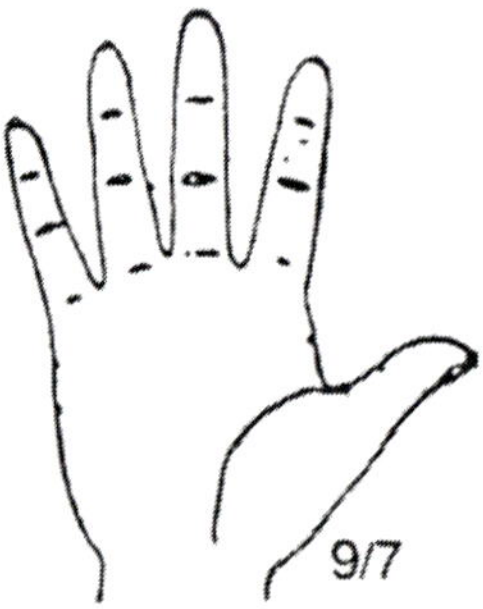
9/7

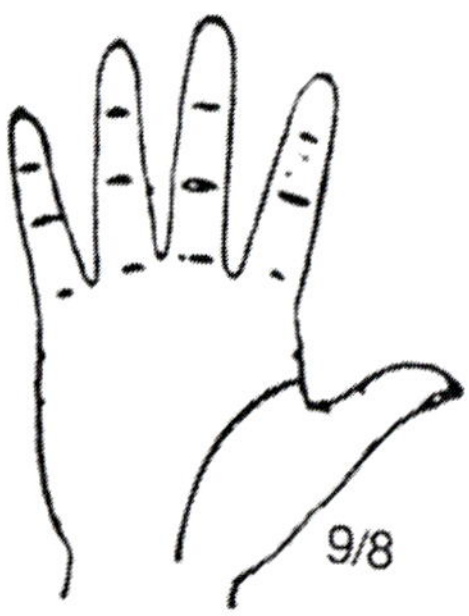
9/8

जीवन रेखा अंत में फुंदने का रूप धारण करे (देखें चित्र 9/5), तो बुढ़ापे में जीवन-शक्ति कम हो जाती है।

भारतीय सामुद्रिक शास्त्र के अनुसार कलाई पर चार मणिबंध रेखाएं 120 वर्ष की आयु बताते हैं (देखें चित्र 9/6)। यदि कम हों तो 30 वर्ष प्रति मणिबंध रेखा की व्याख्या सामुद्रिक शास्त्री करते हैं। अधूरे मणिबंध रुग्णावस्था के साथ जीवन बिताते हैं, किंतु नई पश्चिमी पामिस्ट्री केवल मणिबंध की रेखाओं पर निर्भर नहीं है। वह अन्य रेखाओं के साथ मणिबंध को भी देखते हैं। यदि अन्य रेखाएं अच्छी हों, तो मणिबंध रेखाओं के दोष का निवारण हो जाता है।

स्वास्थ्य संबंधी अन्य संकेत

हाथ पर अधिक रेखाएं मानसिक तनाव, दिल डूबने जैसा अवसाद व्यक्त करती हैं। मानसिक तनाव के व्यक्तियों को अपना रक्तचाप

नियमित रूप से चैक कराते रहना चाहिए। रक्तचाप कम हो तो अनिष्टकारी नहीं होता है। रक्तचाप अधिक हो तो अनिष्टकारी होता है। अधिक रेखाओं से युक्त हाथ के लिए चौथे भाग की हस्तछाप नं. 3 और नं. 15 देखें।

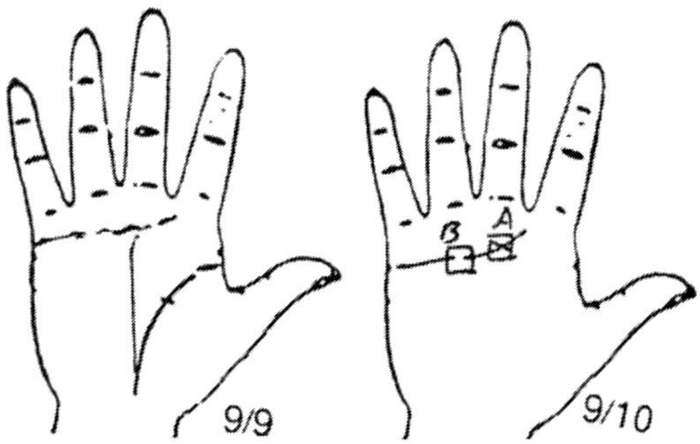

जीवन रेखा आक्रामक मंगल से निकले (देखें चित्र 9/7), तो पेट में अम्लता।

जीवन रेखा गुरु पर्वत के नीचे टूटे (देखें चित्र 9/8), तो आंत के रोगों की आशंका।

जीवन रेखा कहीं मोटी, कहीं पतली हो, तो व्यक्ति को रोग जल्दी पकड़ते हैं।

अच्छी जीवन रेखा हो, मणिबंध यवमाला युक्त (जंजीराकार) हो, तो स्वास्थ्य अच्छा होता है।

जीवन रेखा दूषित हो और शनि रेखा दूषित हृदय रेखा पर रुके (देखें चित्र 9/9), तो दिल की बीमारी।

दूषित हृदय रेखा के व्यक्ति को 35 वर्ष की आयु के उपरांत हृदय तथा रक्तचाप की जांच कराते रहना चाहिए।

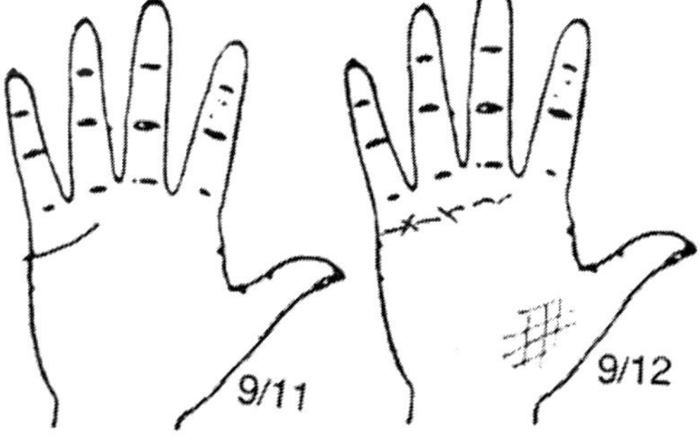

हृदय रेखा के दोष पर चतुष्कोण (देखें चित्र 9/10-ए-बी) हृदय रोग के निवारण का संकेत है।

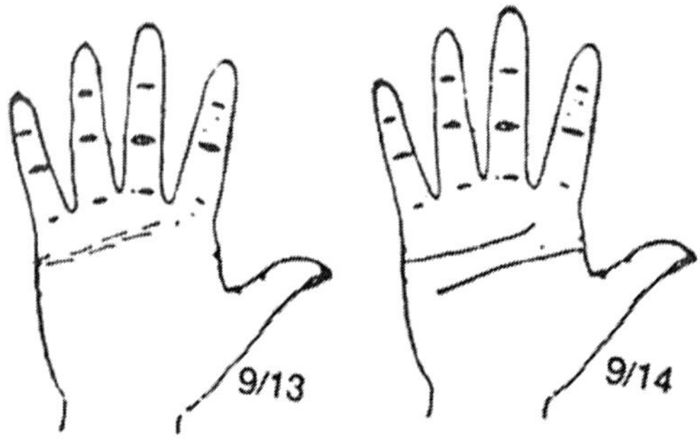

9/13 9/14

हृदय रेखा सूर्य पर्वत से आरंभ हो (देखें चित्र 9/11), तो दिल की बीमारी की संभावना। यह लक्षण आर्थिक कष्ट और दांपत्य कष्ट का भी हो सकता है। सही प्रश्न समझने के लिए अन्य रेखाएं सही उत्तर देती हैं। स्वास्थ्य संबंधी प्रश्न के लिए इस रेखा को जीवन रेखा के साथ देखें। आर्थिक कष्ट के लिए शनि रेखा में अनुमोदन पाएं। विवाहित समाधान के लिए कामभाव की रेखा और मंगल रेखा साथ देखें।

हृदय रेखा अनेक स्थानों पर टूटी हो तो हृदय रोग की संभावना समझें।

दूषित हृदय रेखा के साथ शुक्र पर्वत पर जाल हो (देखें चित्र 9/12), तो रक्तचाप सामान्य नहीं होता।

टूटी हृदय रेखा के टुकड़े एक-दूसरे पर चढ़ें हों (देखें चित्र 9/13), तो भावनात्मक आघात के कारण स्वास्थ्य खराब रहता है।

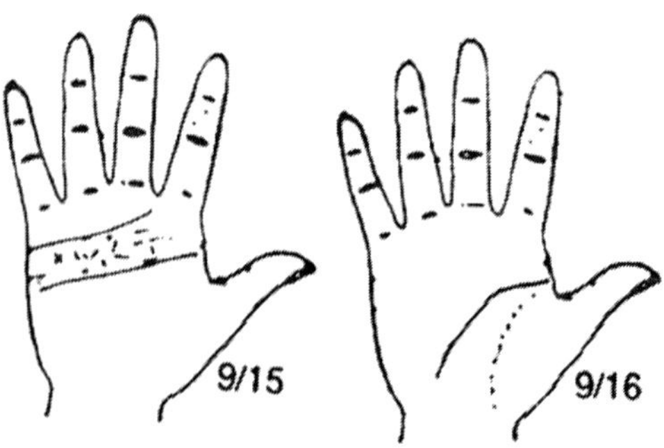

9/15 9/16

हृदय रेखा मस्तिष्क रेखा के अत्यंत निकट हो (देखें चित्र 9/14), तो उन्हें दिमाग पर अधिक जोर नहीं डालना चाहिए।

हृदय रेखा, मस्तिष्क रेखा के निकट हो, साथ ही बुध रेखा टूटी हो तो दमे की आशंका होती है।

हृदय रेखा तथा मस्तिष्क रेखा के मध्य (वृहत् चतुष्कोण) में छोटी-छोटी रेखाएं हों (देखें चित्र 9/15), तो अशांति के कारण तनाव और दिल की कमजोरी समझनी चाहिए।

स्त्री की मस्तिष्क रेखा चंद्र की ओर झुके (देखें चित्र 9/16), शुक्र पर्वत उन्नत हो, अंगूठा न्यूनकोण हो यानी कम खुलता हो तो हिस्टीरिया की आशंका समझें।

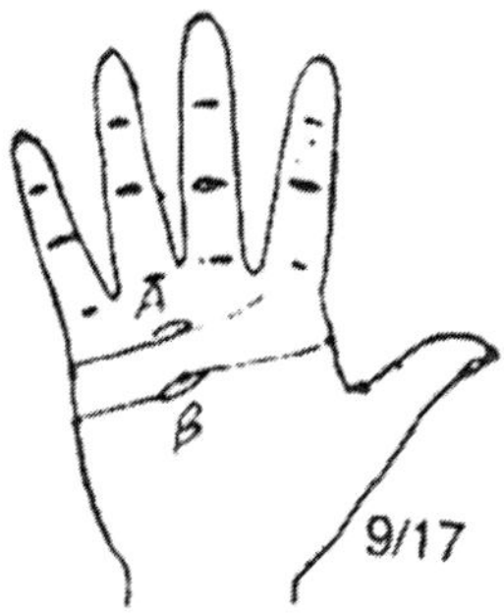

9/17

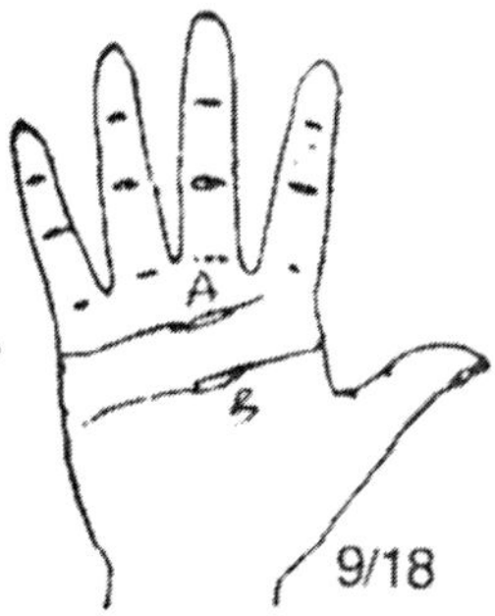

9/18

सूर्य पर्वत के नीचे मस्तिष्क रेखा या हृदय रेखा में द्वीप हो (देखें चित्र 9/17-ए, बी), तो आंखों के रोग की आशंका होती है। दोनों हाथों पर यह लक्षण देखें तो निश्चित।

शनि पर्वत के नीचे मस्तिष्क रेखा अथवा हृदय रेखा में द्वीप हो (देखें चित्र 9/18-ए, बी), तो वायु, दांत तथा हड्डी संबंधी रोगों का खतरा। जोड़ों का दर्द, पक्षाघात, हड्डी तथा वायु संबंधी रोगों में आते हैं।

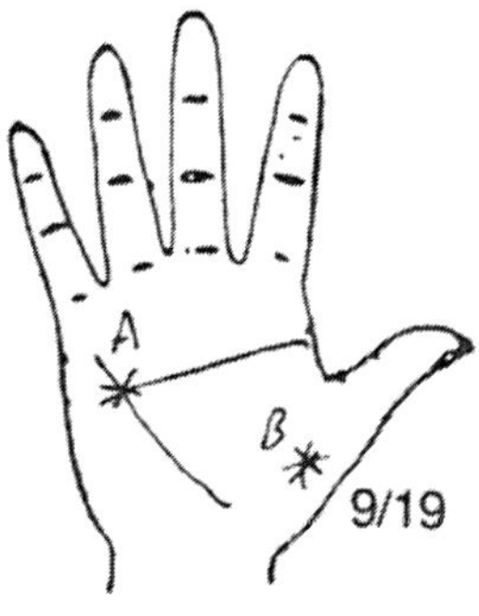

9/19

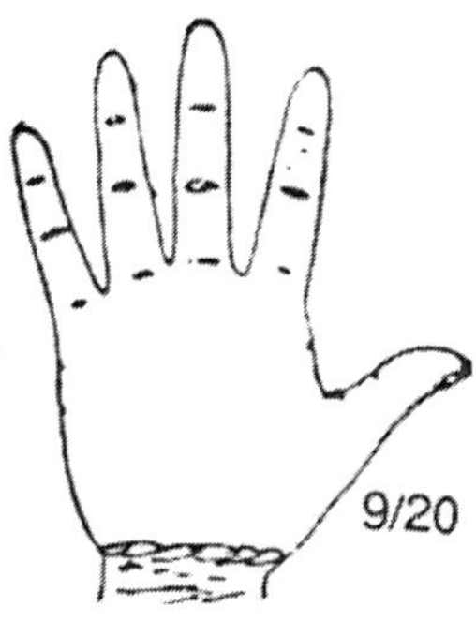
9/20

टूटी मस्तिष्क रेखा के व्यक्ति मानसिक और आर्थिक परेशानी के कारण तनाव में रहते हैं।

मस्तिष्क रेखा को छोटी-छोटी रेखाएं काटें, तो यह सिरदर्द अथवा स्मरण शक्ति की कमजोरी का संकेत है।

मस्तिष्क रेखा और बुध रेखा के जंक्शन पर स्टार हो तो (देखें चित्र 9/19-ए) जनन-अंगों के रोग, यदि शुक्र पर्वत पर भी स्टार हो (देखें चित्र 9/19-बी), तो निश्चित। स्त्री के हाथ में यह लक्षण हो तो प्रसव के समय अधिक पीड़ा होती है।

सूर्य रेखा आरंभ में पतली हो, सूर्य पर्वत तक आते-आते मोटी हो जाए तो छाती के रोग अथवा हृदय रोग की संभावना होती है।

मणिबंध रेखाएं टूटी फूटी हों तो बुरे स्वास्थ्य की आशंका। यदि प्रथम मणिबंध यवमाला (छोटे द्वीपों की माला) से बना हो (देखें चित्र 9/20), तो अधेड़ावस्था में स्वास्थ्य सुधर जाता है।

अच्छी बुध रेखा अच्छी स्मरण शक्ति बताती है और दूषित मस्तिष्क रेखा के साथ अच्छी बुध रेखा मस्तिष्क रेखा का दोष कम करती है।

बुध रेखा पर स्टार (देखें चित्र 9/21) हो तो पेट की तकलीफ।

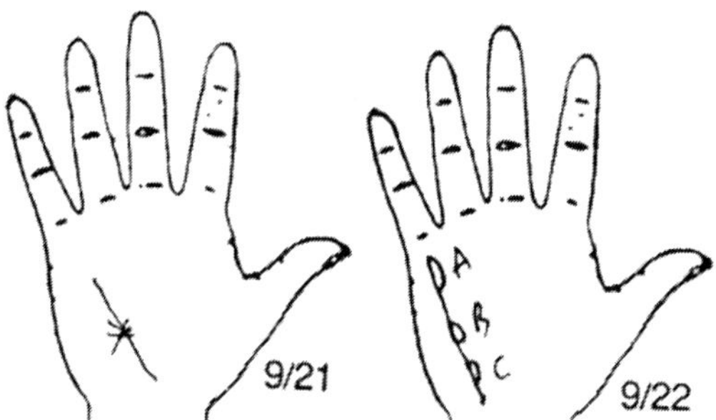

बुध रेखा के ऊपरी भाग पर द्वीप हो तो ऊपरी अंगों के रोग (ऊपरी भाग बुध पर्वत है), मध्य में द्वीप हो तो, पेट में अम्लता। निचले भाग में द्वीप हो, नाभि से निचले अंगों के रोग (देखें चित्र 9/22-ए, बी, सी)।

बुध रेखा लहरदार हो (देखें चित्र 9/23-ए) या टुकड़ों से बनी हो (देखें चित्र 9/23-बी), तो जिगर के रोग, बुरा हाजमा।

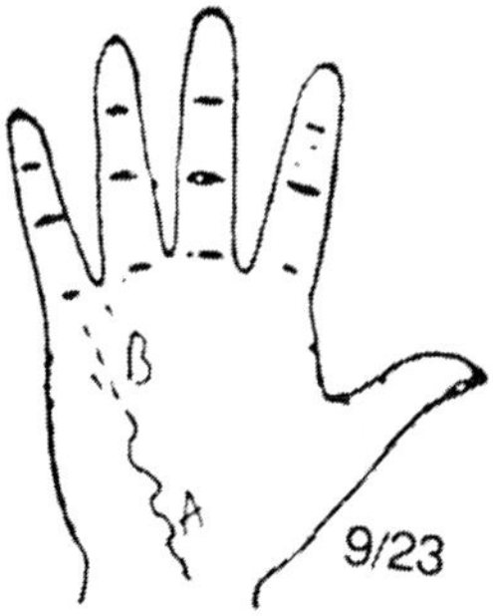

मस्तिष्क रेखा एकदम ढलवां होकर चंद्र पर्वत पर आ जाए तो आत्महत्या की प्रवृत्ति (पुनः देखें चित्र 9/16)।

पर्वतों से स्वास्थ्य जानना

जीवन रेखा में दोष हो तो किस रोग की संभावना होगी, यह जानने के लिए नीचे लिखे पर्वत देखें:–

गुरु पर्वत विकसित हो तो पाचन संबंधी रोग।

आक्रामक मंगल विकसित हो तो पक्षाघात।

रक्षात्मक मंगल प्रधान को स्नायु रोगों की संभावना।

चंद्र पर्वत के निम्न भाग पर क्रॉस या आड़ी रेखाएं हों तो नाभि के निचले अंगों के रोगों का खतरा, मध्य पर ये दोष हों तो पेट के रोग तथा चंद्र पर्वत के ऊपरी भाग पर दोष हों तो छाती तथा गले के रोगों का खतरा।

शुक्र पर्वत दूषित हो तो यौन रोगों का खतरा।

शनि पर्वत तथा शनि क्षेत्र में कहीं दोष हो तो व्यक्ति को वात प्रधान रोग, हड्डी के रोग तथा दांत के रोगों का खतरा।

सूर्य पर्वत पर द्वीप या सूर्य के नीचे द्वीप नेत्र रोगों की आशंका।

चंद्र पर्वत पर स्टार हो तो मानसिक आघात।

नाखूनों से रोगों का ज्ञान

हाथ की उंगलियों का नाखून अपनी जड़ से उंगली के सिरे की ओर बढ़ता है। इसके बढ़ने की गति के अनुसार सामान्यतः नाखून के पूरा बदलने में लगभग 5 मास का समय लगता है। यदि कोई दोष

नाखून की जड़ के पास हो तो उससे संबंधित रोग की आशंका का समय लगभग एक मास, मध्य में दोष हो तो लगभग अढ़ाई मास तथा सिरे की ओर दोष हो तो चार मास बताएं।

बड़े चमकीले, गुलाबी आभा के नाखून, अच्छा स्वास्थ्य।

नाखूनों के मध्य में मामूली गड्ढा हो तो मानसिक आघात का लक्षण है। समय उसी नियम के अनुसार समझें कि पांच मास में पूरा नाखून बदल जाता है।

यदि गड्ढा इतना बड़ा हो कि नाखून के मध्य गहरी चम्मच जैसा आभास दे तो चर्मरोग, सिफलिस, इंफ्लूएंजा शीघ्र होने की आशंका होती है।

कछुए की पीठ की तरह मध्य में उभरा नाखून देखकर फेफड़े की जांच की सलाह दें। नाखून पर खड़ी धारियां सफेद धब्बे, तनाव। नाखून का रंग नीला हो तो आशंका बढ़ जाती है।

नाखून की आड़ी धारियां निरंतर मानसिक आघात बताती हैं।

सफेद नाखून के व्यक्ति अहंकारी होते हैं, उनमें उतावलापन अधिक होता है।

पीला नाखून जिगर की खराबी बताता है।

नाखून का नीला रंग लड़कियों के मासिक धर्म के आरंभ के दिनों में स्वाभाविक है। अन्य दिनों में नाखून नीला हो या पुरुष का नीला नाखून हो तो फेफड़े के रोग की आशंका।

छोटे नाखून के व्यक्ति को स्नायु संबंधी रोग और तनाव जल्दी पकड़ते हैं। उन पर यदि सीधी खड़ी धारियां हों तो अधिक तनाव, आंत के रांगों की आशंका समझनी चाहिए।

कम चौड़ा किंतु अधिक लंबा नाखून कम शारीरिक शक्ति बताता है। ऐसा व्यक्ति जल्दी थक जाता है और उसे नाक, कान, गला, आंख, छाती के रोग जल्दी पकड़ते हैं। रीढ़ की हड्डी के रोगों की भी आशंका होती है।

फिंगर प्रिंट्स से स्वास्थ्य

उंगलियों के पहले पोरों पर अधिक चक्र हों तो व्यक्ति को हृदय

रोग की आशंका होती है। कारण, हठी स्वभाव का होना और हर हठ का पूरा न हो पाना होता है।

सामान्य मेहराब अधिक संख्या में हों तो व्यक्ति में सहनशक्ति कम होती है। स्नायुमंडल के रोगों की संभावना होती है।

नुकीले मेहराब के व्यक्ति की पाचन शक्ति कमजोर होती है।

लूप या डबल लूप की अधिकता हो तो स्नायु संस्थान पर अधिक दबाव होता है।

हथेली, अंगूठा और उंगलियों से स्वास्थ्य की पहचान

अंगूठा घुमाने पर पूरा पीछे की ओर घूम जाए और उंगलियां अति लचीली हों तो पक्षाघात की आशंका।

बच्चे की उंगलियां मूसलाधार हों, तो उसे तेज दौड़ने और फांदने से परहेज करना चाहिए, क्योंकि ऐसे बच्चों का हृदय कमजोर होता है। यदि उन उंगलियों का ऊपरी भाग नीला हो तो संभावना बढ़ जाती है।

अति लंबी उंगलियों के व्यक्ति की पिट्युटरी ग्रंथि पूरी तरह विक. सित नहीं होती। यह ग्रंथि शरीर की अन्य पोषक ग्रंथियों को नियंत्रित करती है। उससे पूरे शरीर के मेटाबोलिक सिस्टम पर दुष्प्रभाव पड़ता है। ऐसे व्यक्ति अधिक शारीरिक कार्य नहीं कर सकते।

जिनकी हथेली अति लाल हो और गर्म हो तो रक्तचाप अधिक होता है, उन्हें मधुमेह के रोग से सावधान रहना चाहिए।

फीका तथा पीला हाथ ठंडा हो तो एनिमिया (रक्त में लाल कणों की कमी) है।

4. कुछ अन्य महत्वपूर्ण प्रश्नों के हस्त लक्षण

पामिस्ट के पास आने वाले सवाली बहुत कुछ जानना चाहते हैं। उनमें से अधिकतर जनों के लोकप्रिय प्रश्नों के हस्तलक्षण हमने पिछले अध्यायों में दिए हैं। अब कुछ अन्य [illegible] प्रश्नों के हस्तलक्षण हम इस अध्याय में दे रहे हैं।

यह हम फिर याद दिलाना चाहते हैं कि इन लक्षणों में से चार से अधिक लक्षण एक हाथ में मिलें, तो भविष्यवाणी करें, कम लक्षण हों तो संभावना बताएं। अकेले एक या दो लक्षण मिलने पर मौन रहना चाहिए और अवसर के अनुसार निर्णय करना चाहिए।

यात्रा योग

यात्रा संबंधी प्रश्नों के उत्तर देने के लिए चंद्र पर्वत का मुख्य योगदान है। रेखाओं में जीवन रेखा, सूर्य रेखा, बुध रेखा तथा चंद्र पर्वत की प्रभाव रेखाएं देखी जाती हैं। चंद्र पर्वत विकसित हो तो यात्रा की तीव्र इच्छा होती है। रेखाओं का सहयोग मिलते ही इच्छा पूर्ण होती है।

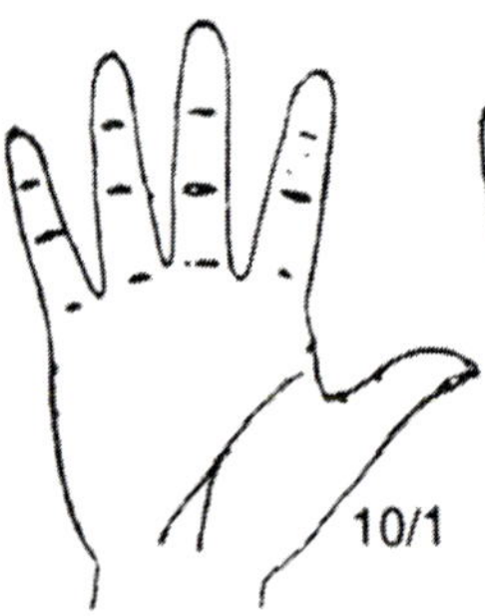

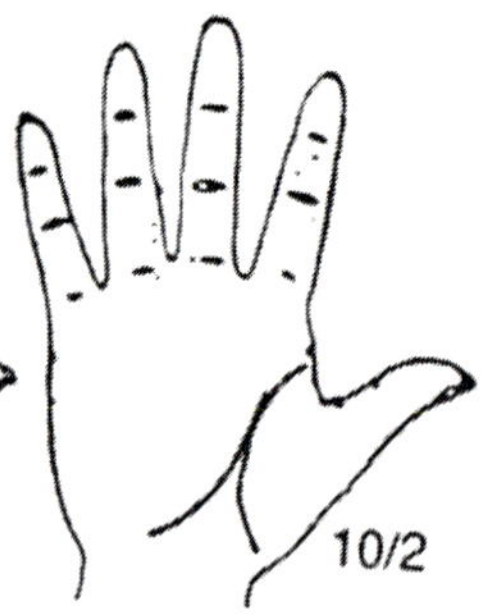

जीवन रेखा से चंद्र पर्वत की ओर जाने वाली शाखा (देखें चित्र 10/1) यात्रा का संकेत देती है।

जीवन रेखा दो शाखाओं में बंटे और एक शाखा शुक्र पर्वत का घेरा पूरा करे, दूसरी शाखा चंद्र पर्वत को जाए (देखें चित्र 10/2), तो जीवन में अनेक यात्राएं होती हैं। इन दोनों शाखाओं में से जो शाखा अधिक गहरी हो, उसका फल अधिक होता है, अर्थात् यदि शुक्र पर्वत को घेरने वाली शाखा गहरी हो तो व्यक्ति यात्रा करके घर लौटता है। यदि चंद्र पर्वत की शाखा अधिक गहरी हो तो व्यक्ति परदेस (विदेश) में बस जाता है।

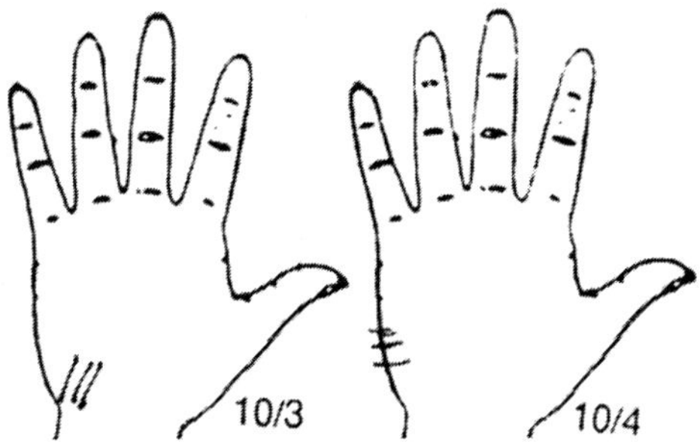

10/3 10/4

कलाई से चंद्र पर्वत को जाने वाली रेखाएं (देखें चित्र 10/3) यात्राएं बताती हैं।

हथेली के चंद्र पर्वत की मोटाई के भाग से चंद्र पर्वत पर प्रवेश करने वाली रेखाएं (देखें चित्र 10/4) छोटी यात्राएं बताती हैं।

चंद्र पर्वत से निकलकर गुरु पर्वत तक पहुंचने वाली रेखा (देखें चित्र 10/5) बड़ी और सौभाग्यशाली यात्रा बताती है।

यात्रा का समय ज्ञात करने के लिए देखें कि शनि रेखा मोटी से पतली कब हुई या दूषित से कब निर्दोष हुई या जीवन रेखा से शनि पर्वत पर जाने वाली शाखा कब उदित हुई या सूर्य रेखा का

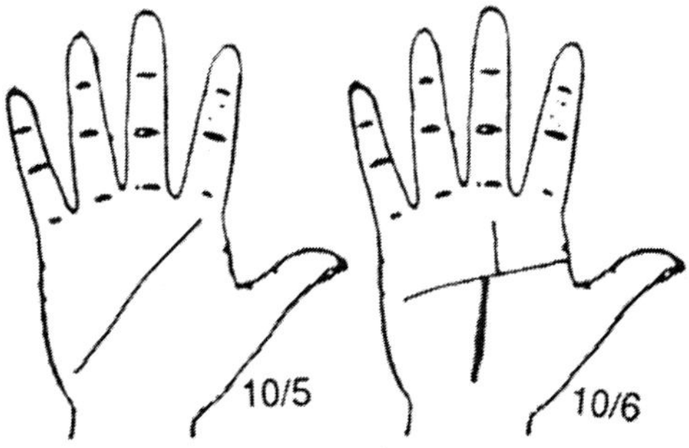

10/5 10/6

उदय किस आयु में हुआ। इनमें से कोई शुभ लक्षण देखकर यात्रा का समय बताएं।

मोटी शनि रेखा, मस्तिष्क रेखा पर रुके और मस्तिष्क रेखा के दूसरे भाग से अन्य पतली शनि रेखा निकले (देखें चित्र 10/6), तो उस उदय स्थान की आयु में यात्रा का योग होता है।

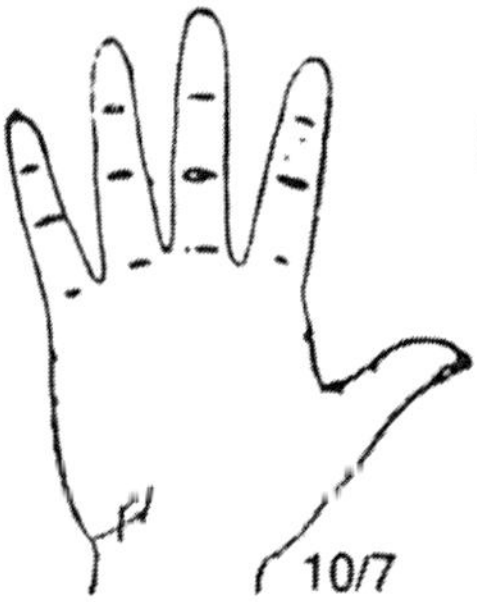

10/7

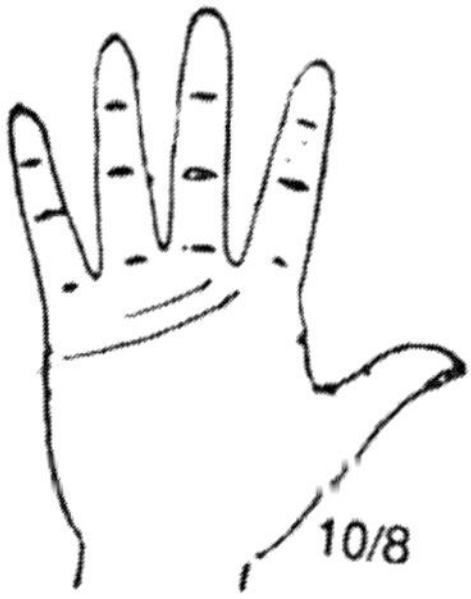

10/8

चंद्र पर्वत विकसित हो, बुध रेखा स्पष्ट हो तो यात्राएं।

चंद्र पर्वत पर मछली का आकार हो (देखें चित्र 10/7), तो विदेश की यात्रा।

हृदय रेखा की समानांतर रेखा हो और चंद्र पर्वत पुष्ट हो (देखें चित्र 10/8), तो यात्रा का योग होता है।

यह ध्यान रखें कि यात्रा संबंधी जो रेखाएं यहां बताई गई हैं, यदि वे रेखाएं निर्दोष हों तो यात्रा सौभाग्यवर्द्धक होती है। दूषित रेखा या दूषित शाखा परेशानी की यात्रा बताती है। यहां यह भी बताना आवश्यक है कि मजबूरी की हालत में आकस्मिक आने वाली यात्रा के लक्षण हाथों पर नहीं होते हैं। सुख के लिए या रोजगार के लिए यत्नपूर्वक की जाने वाली यात्रा के लक्षण हाथों पर पाए जाते हैं।

शिक्षा योग?

हाथ में केवल पहली कोटि की मुख्य रेखाएं हों (जीवन रेखा, मस्तिष्क रेखा और हृदय रेखा) तो व्यक्ति अध्ययन (पढ़ाई-लिखाई) में रुचि नहीं लेता। उस व्यक्ति को एडवांस स्टडी में समय नष्ट नहीं करना चाहिए, अपनी प्रवृत्ति के अनुसार रोजगार का क्षेत्र चुनकर कार्य आरंभ करना चाहिए। किसके लिए कौन-सा कार्यक्षेत्र उचित है, उसके हस्तलक्षण हम अध्याय छह में बता चुके हैं।

हाथ पर मछली का चिह्न हो तो व्यक्ति विद्वान होता है। विद्वता का अर्थ डिग्री मत समझें, बल्कि ज्ञान की प्यास समझें। कबीर, टैगोर आदि बिना स्कूल-कॉलेज गए विद्वान थे।

जीवन रेखा निर्दोष मस्तिष्क रेखा से मिली हुई उदित हो, हाथ पर मुख्य तीन रेखाओं के अतिरिक्त रेखाएं भी हों, हाथ लचीला हो, तो अध्ययन जारी रखना चाहिए। सूर्य रेखा के उदय स्थल से सफलता मिलती है।

मोटी शनि रेखा, मोटी मस्तिष्क रेखा हो तो शिक्षा पूरी नहीं होती।

लंबी उंगलियों के व्यक्ति का पढ़ाई-लिखाई के कार्यों में मन लगता है। सफलता किस आयु में मिलेगी, यह बात सूर्य रेखा से जानें।

सीधी तर्जनी अध्ययनशील स्वभाव बताती है, सूर्य पर्वत पर खड़ी रेखा हो तो अध्ययन में सफलता मिलती है।

लंबी उंगलियां गठीली हों तो गणित, विज्ञान, दर्शन आदि विषयों में व्यक्ति की रुचि होती है। लंबी उंगलियां हों तथा गांठ मुलायम हो तो साहित्य और ललित कलाओं के लिए व्यक्ति उपयुक्त होता है।

नोटः अपने स्वभाव के अनुसार शिक्षा का क्षेत्र चुनने से मन सुखी होता है। यदि मार्केट की मांग के अनुसार व्यक्ति अपने स्वभाव से विपरीत क्षेत्र का शिक्षण लेता है, तो उसका मन अशांत रहता है।

धार्मिक प्रवृत्ति तथा गुप्त विद्याएं

अध्यात्म, योग-विद्या, यंत्र, तंत्र, ज्योतिष, पामिस्ट्री, मनोविज्ञान, संन्यास आदि में रुचि के लिए निम्न लक्षण देखें। चार या उससे अधिक लक्षण यदि एक हाथ में मिल जाएं तो निश्चित फल होता है। सूर्य रेखा इस क्षेत्र में सफलता का संकेत देती है।

लंबी मध्यमा अथवा विकसित शनि पर्वत।

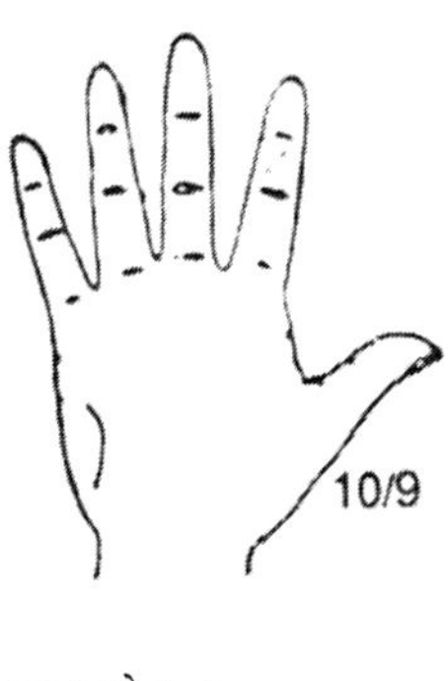

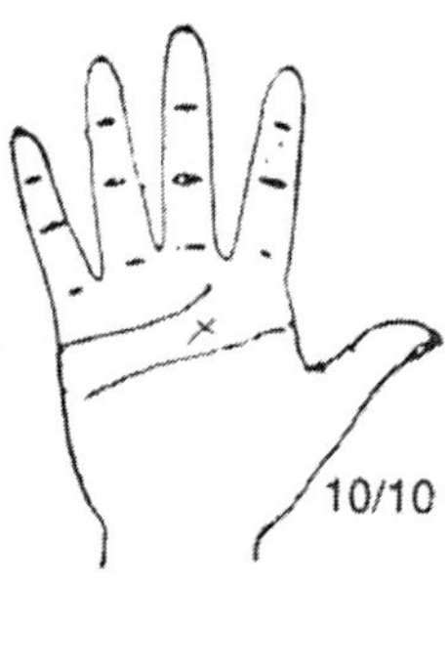

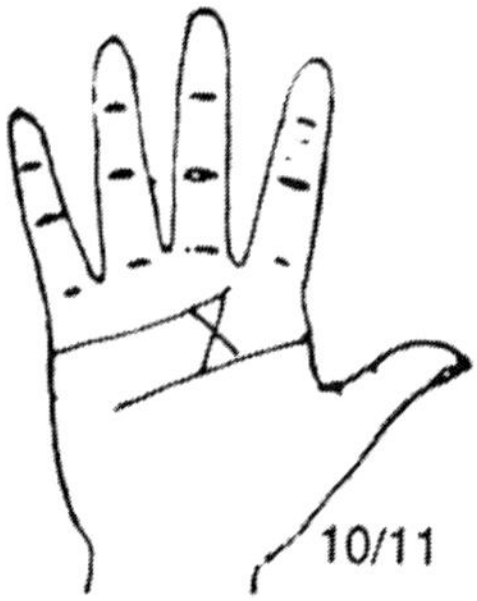

10/11

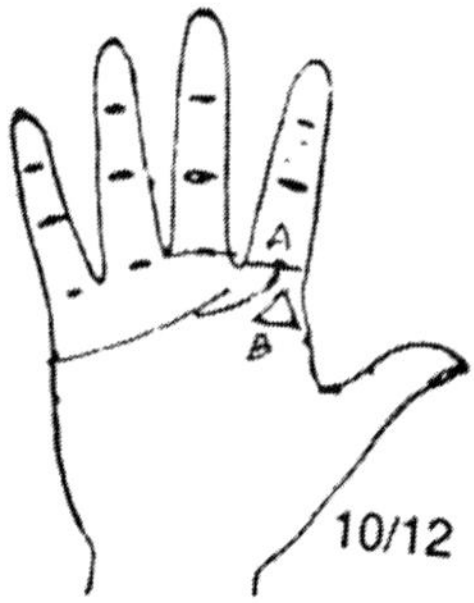

10/12

गठीली उंगलियां।

शनि पर्वत पर त्रिकोण।

स्पष्ट अंतर्दृष्टि रेखा अथवा चंद्र रेखा (देखें चित्र 10/9)।

वृहत् चतुष्कोण में शनि अथवा गुरु पर्वत के नीचे गुप्तक्रॉस (देखें चित्र 10/10)।

वृहत् चतुष्कोण में डमरू का चिह्न (देखें चित्र 10/11)।

हृदय रेखा पर या गुरु पर्वत पर त्रिकोण (देखें चित्र 10/12-बी) हृदय रेखा की शाखा तर्जनी को जाए (देखें चित्र 10/12-ए)।

सूर्य रेखा चंद्र पर्वत से उदित हो (देखें चित्र 10/13-ए)।

जीवन रेखा से पतली शनि रेखा निकले (देखें चित्र 10/13-बी)।

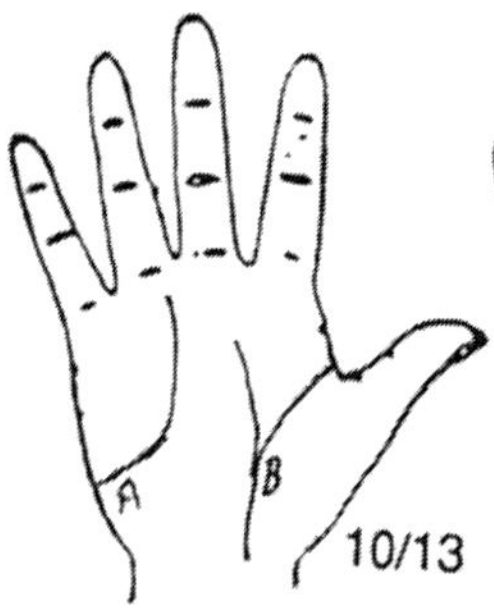

10/13

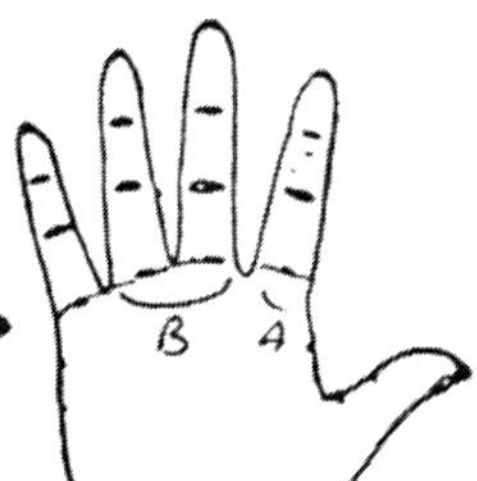

10/14

गुरु मुद्रिका (देखें चित्र 10/14-ए) या शुक्र वलय हो (देखें चित्र 10/14-बी)।

चंद्र पर्वत विकसित हो और शुक्र अविकसित हो। मस्तिष्क रेखा और बुध रेखा का क्रॉस बने (देखें चित्र 10/15)।

सूर्य पर्वत पर मछली का चिह्न हो (देखें चित्र 10/16)।

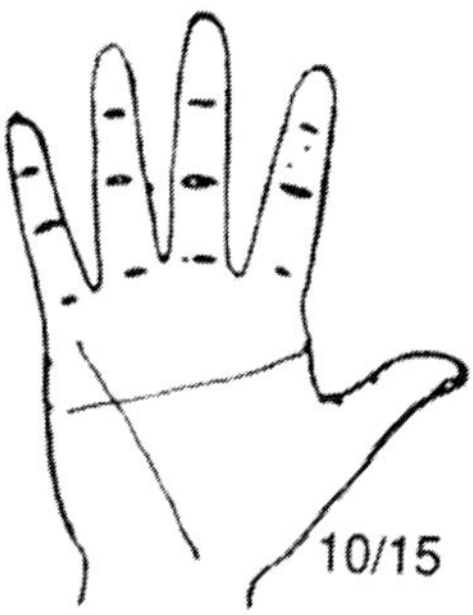

10/15

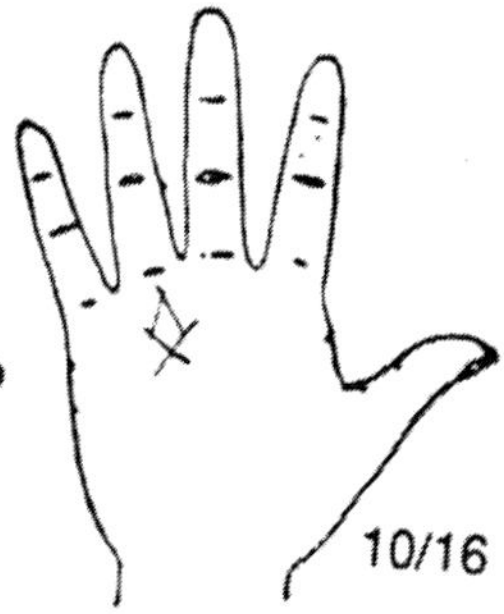

10/16

हृदय रेखा की शाखा अनामिका को जाए (देखें चित्र 10/17)।

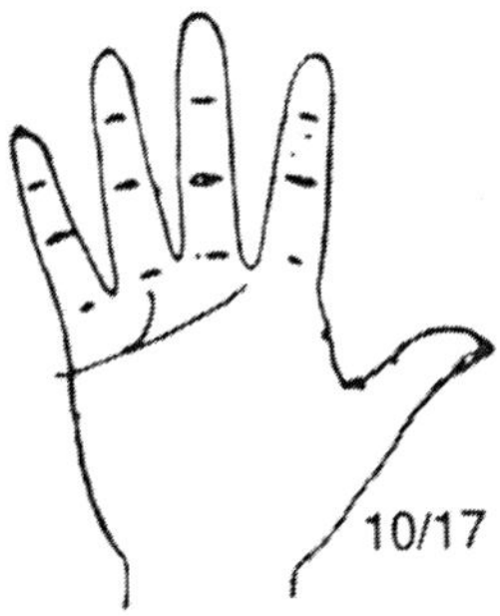

10/17

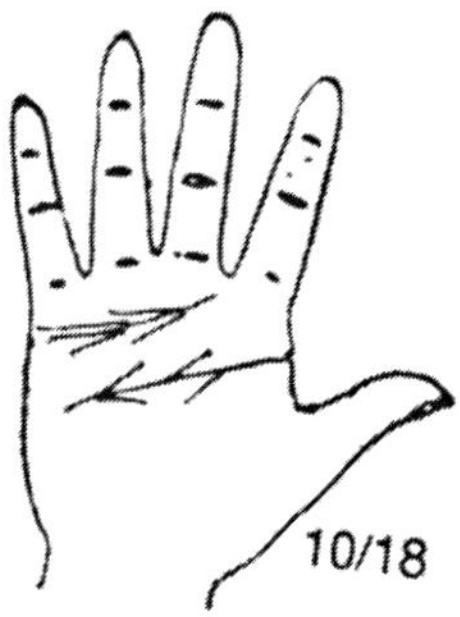

10/18

यह फल बताते समय यह ध्यान रखें कि विकसित शनि पर्वत या लंबी उंगलियां व्यक्ति को संसार से दूर जाने के लिए प्रेरित करती हैं। अनामिका, सूर्य पर्वत और सूर्य प्रधान व्यक्ति को संसार में रहकर नाम, यश, मान पाने की प्रवृत्ति होती है। ये सभी क्षेत्र आध्यात्मिक होते हुए भी स्वभाव के कारण इनके फल में अंतर आता है। बुध पर्वत और लंबी कनिष्ठिका का योग अध्यात्म में भी लाभ का पक्ष देखता है।

++++

हिंसक प्रवृत्ति तथा दुर्घटना योग

हिंसक या षड्यंत्रकारी प्रवृत्ति के हस्तलक्षण

हाथ भारी, लाल और चौड़ा हो, आक्रामक मंगल और शुक्र पर्वत

विकसित हो अथवा आक्रामक मंगल पर क्रॉस हो, अंगूठा तथा उंगलियां छोटी और मोटी हों, केवल मुख्य रेखाएं हों तथा गहरी हों तो ऐसा व्यक्ति आवेश में आकर हिंसक बन सकता है।

हाथ पतला और सफेद तथा ठंडा हो, उंगलियां लंबी हों, बुध और शनि पर्वत विकसित हों, हृदय रेखा न हो या छोटी हो, हाथ लंबा हो, ऐसा व्यक्ति तिकड़म से हिंसा का षड्यंत्र रचता है। मस्तिष्क रेखा लंबी और बुध की ओर जाए तो षड्यंत्र करके पकड़ा नहीं जाता।

सद्‌गुणी व्यक्ति के हस्तलक्षण

गुरु प्रधान तथा सूर्य प्रधान व्यक्ति की कुमार्ग में जाने की संभावना नहीं होती। वे किसी बदनाम धंधे में भी पड़ें तो भी वे बुराई में भी कुछ अच्छाई निकालते हैं। अन्य लक्षण निम्न हैं:

गोल नाखून का व्यक्ति मित्रता के कर्त्तव्य निभाता है। नाखूनों की गुलाबी चमकीली आभा सहृदयता की निशानी है।

हृदय रेखा, मस्तिष्क रेखा शाखायुक्त हो, किंतु उसकी शाखाएं एक-दूसरे की शाखाओं से न टकराएं और इन दोनों मुख्य रेखाओं के मध्य पर्याप्त फासला हो (देखें चित्र 10/18)।

रेखाएं पतली और निर्दोष हों।

मंगल रेखा पतली हो, जीवन रेखा से दूर हो।

गुरु मुद्रिका हो या गुरु पर्वत पर क्रॉस हो या गुरु पर्वत पर आड़ी रेखा हो या तिरछी रेखा या खड़ी रेखा हो।

सीधी, लंबी उंगलियां, ये उंगलियां फैलाने पर जापानी पंखे की तरह अलग-अलग बिखरी रहें और उनका झुकाव हथेली से बाहर की ओर हो।

गुलाबी हथेली, लचीली त्वचा। (नोट कर लें, काले रंग के व्यक्ति की गहरे रंग की त्वचा गुलाबी का फल देती है)।

अपयश योग

विकसित बुध पर्वत या लंबी मोटी कनिष्ठिका या टेढ़ी कनिष्ठिका के व्यक्ति अधिक चालाक होते हैं तथा उनके कुमार्ग पर जाने की आशंका अधिक होती है। अन्य लक्षण भी बताते हैं। उनमें से चार या अधिक लक्षण एक हाथ में मिल जाएं तो अपयश के भागी बनते हैं:-

सूर्य रेखा में धब्बे या गड्ढे हों या क्रॉस हो तो उस आयु में बदनामी की संभावना। यदि सूर्य रेखा उसके बाद जारी रहे तो मानसिक अशांति के बाद सब ठीक हो जाता है।

अन्य दोषों के साथ बुध रेखा लहरदार हो या बुध पर्वत पर जाल हो या बुध पर्वत पर स्टार हो।

तर्जनी छोटी हो। गुरु पर्वत दबा हो।

हाथ पतला हो।

शनि रेखा मोटी हो या दूषित हो।

शनि रेखा मध्यमा के तीसरे पोर में प्रवेश कर जाए तो बुढ़ापे में अपयश।

मस्तिष्क रेखा दूषित हो।

हृदय रेखा न हो या छोटी हो।

मंगल रेखा की शाखा चंद्र पर्वत पर जाए (देखें चित्र 10/19) और हाथ पतला हो या गुदगुदा हो तो ड्रग्स की प्रवृत्ति। इस लक्षण के साथ हाथ भारी, सख्त हो तो विकट कामी।

दुर्घटना योग

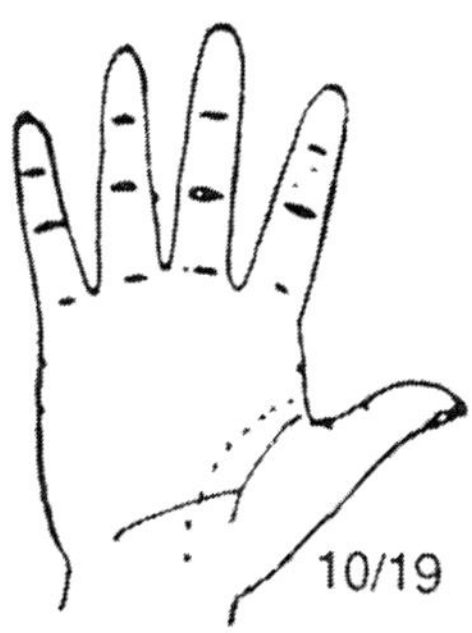

10/19

आमतौर पर समझा जाता है कि मस्तिष्क रेखा पर क्रॉस सिर पर चोट, जीवन रेखा पर क्रॉस या रुकावट हो तो शारीरिक दुर्घटना की सूचना मिलती है, किंतु वास्तव में केवल इतने लक्षण पर चोट या दुर्घटना की भविष्यवाणी नहीं करनी चाहिए। बल्कि रेखाओं के ये लक्षण देखने के साथ पर्वतों तथा उंगलियों पर भी नजर डालनी चाहिए।

आक्रामक मंगल अति विकसित हो और मस्तिष्क रेखा, जीवन

रेखा और हृदय रेखा में से कोई टूटी हो तो उस आयु में वाहन द्वारा दुर्घटना की संभावना होती है।

यदि मुख्य रेखाओं के टूटने के साथ आक्रामक मंगल अविकसित हो, कनिष्ठिका की ओर वाला हथेली का लंबवत् भाग विकसित हो अर्थात् बुध, रक्षात्मक मंगल और चंद्र पर्वत विकसित हों तो वाहन दुर्घअना या चोट नहीं लगती, बल्कि मस्तिष्क रेखा के टूटने का अर्थ सिर दर्द, हृदय रेखा का दोष भावनात्मक आघात और जीवन रेखा का दोष पारिवारिक या आर्थिक समस्याएं बताता है।

भारी हथेली के व्यक्ति जोशीले होते हैं। वे भावावेश में आकर जल्दी निर्णय करते हैं। भावावेग के समय उन्हें वाहन नहीं चलाना चाहिए।

लंबी अनामिका हर क्षेत्र में रिस्क लेने के लिए प्रेरित करता है। इस लक्षण के साथ भारी हथेली यदि चौड़ी भी हो तो रिस्क लेने की मात्रा बढ़ती है। इन लक्षणों के साथ मस्तिष्क रेखा, जीवन रेखा और हृदय रेखा के दोष दुर्घटना की सूचना दे सकते हैं।

दुर्घटना का समय जानने के लिए शनि रेखा और जीवन रेखा की स्थिति देखें कि वे कब दूषित होते हैं। अन्य रेखाओं पर आयु बताने का नियम नहीं है।

5. हस्त रेखाएं बदलने के प्रमाण

प्रमाण के तौर पर इंस्टीट्यूट के संस्थापक दयानंद वर्मा के तीन जोड़े हैंडप्रिंट अगले पृष्ठों पर दिए जा रहे हैं। इसका विवरण इस पुस्तक की भूमिका में दिया जा चुका है। एक तथ्य यह भी है कि हाथ की उंगलियों के फिंगर प्रिंट्स कभी नहीं बदलते। यू.के. (U.K.) स्थित स्काटलैंड यार्ड में अपराधियों के करोड़ों हैंडप्रिंट सुरक्षित हैं। उनमें किसी भी हाथ के फिंगर प्रिंट अन्य किसी हाथ के फिंगर प्रिंट से मेल नहीं खाते।

कई अपराधियों ने अपनी पहचान छुपाने के लिए अंगूठे और उंगलियों की त्वचा छील डाली, लेकिन कुछ अरसे बाद जब नई त्वचा प्रकट हुई तो रिकॉर्ड के अनुसार नई उभरी त्वचा में जो निशान प्रकट हुए, वे पुराने प्रिंट जैसे थे।

अगले पृष्ठों में हस्त रेखाओं में परिवर्तन के उदाहरण प्रस्तुत हैं।

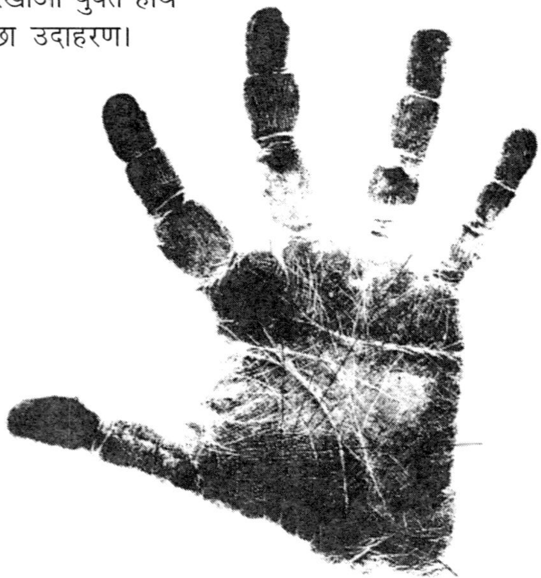

हैंड प्रिंट-1,ए दायां हाथ
अधिक रेखाओं युक्त हाथ का अच्छा उदाहरण।

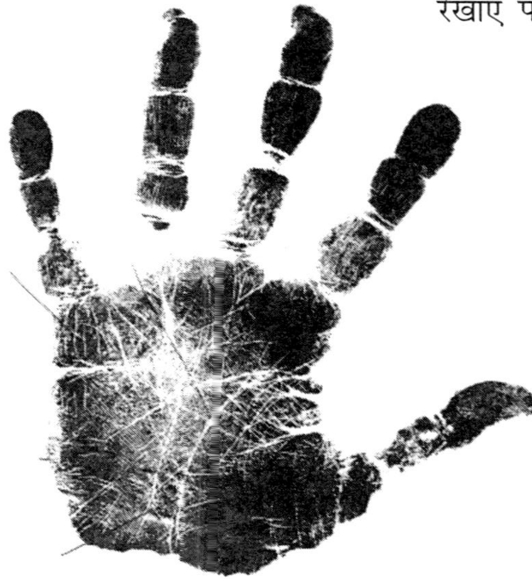

हैंड प्रिंट-1, बी. बायां हाथ, हृदय रेखा को छोड़कर शेष मुख्य रेखाएं पतली।

कुछ हैंड प्रिंट्स और उनके फलादेश

हैंड प्रिंट-1, ए, बी का फलादेश

यह 58 वर्ष की स्त्री का हाथ है। सक्रिय हाथ बायां है।

नाखूनों पर खड़ी धारियां हैं, अंगूठे का पहला पर्व बड़ा है, अंगूठे के दो पोरों के मध्य द्वीप कटा हुआ है। गुरु पर्वत अधिक विकसित है, शुक्र और आक्रामक मंगल अविकसित हैं। शेष पर्वत सामान्य विकसित हैं। अंगूठे के आधार पर जंजीराकार रेखा है। कामभाव की रेखाएं दाएं हाथ में छोटी और शाखायुक्त हैं, बाएं हाथ में दो हैं और उनका रुख हृदय रेखा की ओर है।

अधिक रेखाओं से युक्त हाथ यह बताता है कि व्यक्ति का मन अनेक चैनलों पर कार्य करता है। अंगूठे का पहला पोर बड़ा, अतिरि. क्त संकल्प-शक्ति बताता है। नाखून पर खड़ी धारियां तनाव, डिप्रेशन बताती हैं। बारीक और शुभ रेखाओं के बावजूद तनाव और अशांति का कारण जानने के लिए विवरण में जाते हैं।

हाथ पर प्रथम दृष्टि पड़ते ही लगता है कि महत्वाकांक्षी स्त्री का हाथ है, क्योंकि दोनों हाथों में जीवन रेखा, गुरु पर्वत से उदित हुई है या उसकी शाखाएं गुरु पर्वत तक गई हैं और गुरु पर्वत उन्नत है। ये सारे लक्षण महत्वाकांक्षा की अति बताते हैं और अति अशांति लाती है।

बाएं हाथ की शनि रेखा में 21 वर्ष की आयु में एक प्रभाव रेखा स्पर्श करती है। यह प्रभाव रेखा जीवन रेखा के मध्य पुल का काम करती है। तत्पश्चात् शनि रेखा और जीवन रेखा के मध्य एक अन्य

प्रभाव रेखा है। यह प्रभाव रेखा 30 वर्ष तक रही है। दाएं हाथ में शनि रेखा द्वीप से आरंभ हुई है। यह द्वीप 26 वर्ष तक जारी रहा है। इन सब लक्षणों का अर्थ है कि 21 वर्ष तक जीवन अभावग्रस्त रहा है। माता-पिता का सुख प्राप्त नहीं हुआ। उसकी पुष्टि के लिए देखें कि मस्तिष्क रेखा और जीवन रेखा के मध्य इस काल तक द्वीप और टूटी-फूटी रेखाएं हैं। 26 वर्ष तक हर प्रकार के झंझट रहे हैं और 30 वर्ष तक परिवार के दबाव में रही है।

दाएं हाथ में चंद्र पर्वत से 21 वर्ष की आयु में प्रभाव रेखा निकलती है और 30 वर्ष में शनि रेखा में मिलती है। इसका यह अर्थ कि इस स्त्री का प्रेम संबंध है। प्रेमी के परिवार की ओर से विरोध होने के कारण यह प्रेम संबंध बाधाओं का शिकार हुआ है। संकल्प शक्ति प्रबल है, अतः पारिवारिक विरोध की परवाह न करके यह स्त्री अपने प्रेमी से विवाह करने में सफल हुई है।

हृदय रेखा को छोड़कर अन्य सभी मुख्य रेखाएं पतली और गहरी हैं। हृदय रेखा के दूषित होने का कारण प्रेम के मध्य बाधाएं हैं और हृदय रेखा अनेक गुच्छों के रूप में शनि पर्वत के नीचे आरंभ हुई है, जो प्रेम में स्वार्थ की भावना बताती है।

शुक्र पर्वत अविकसित है, किंतु उस पर रेखाओं का जाल उसे विकसित के समान बनाता है। कामभाव की रेखा अधोमुखी होना और बाएं हाथ में मंगल रेखा का अधूरा होना, संबंध को सुखद नहीं बनाता, बल्कि ज्यों-त्यों करके निभाना बताता है। इस निभाने में उसका स्वार्थ है, क्योंकि पति की आर्थिक स्थिति बेहतर है। इस बात को सवाली स्पष्ट रूप से नहीं मानता। महत्वाकांक्षाओं की पूर्ति का मूल्य उसे डिप्रेशन और तनाव के रूप में चुकाना पड़ रहा है।

तनिक अधिक विवरण में जाते हैं। बाएं हाथ की जीवन रेखा के निकट से बुध रेखा स्पष्ट निकलती है, जो शनि और जीवन रेखा के मध्य दो स्पष्ट त्रिकोण बनाती है। ये त्रिकोण शनि रेखा के क्षेत्र में 30 और 35 के मध्य हैं, ये सब आर्थिक लाभ हैं, जो इसे इस अमीर पति के कारण मिले हैं।

32 में सूर्य रेखा, शनि रेखा से निकलती है। अन्य प्रभाव रेखा के साथ मिलकर सूर्य रेखा के उद्गम स्थल पर भी त्रिकोण है। यह संबंधों में सफलता बताता है। 40 में जीवन रेखा से शनि रेखा निकली

है, जो हृदय रेखा के निकट पहुंचकर एक अन्य प्रभाव रेखा के साथ मिलकर शनि पर्वत तक पहुंचती है। इस दौरान इस शनि रेखा के साथ एक कुठार रेखा भी चलती है। यह 50 के उपरांत आर्थिक लाभ के साथ परेशानी भी बताती हैं। उंगलियों के निकट बहुत-सी रेखाएं गुच्छे के रूप में हैं, जो अधेड़ावस्था में मानसिक अशांति बताती हैं। इन लक्षणों का मिला-जुला फल यह है कि 30 से 50 वर्ष तक का समय कुछ चैन का है और 50 के उपरांत फिर संबंधों में खराबी है। कारण दांपत्य जीवन सुखी नहीं है, क्योंकि मंगल रेखा 50 वर्ष की आयु में बाएं हाथ से गायब है, दाएं हाथ में जारी है। अतः संबंध टूटा नहीं, किंतु जैसे-तैसे खिसक रहा है।

बाएं हाथ की जीवन रेखा में 65 के उपरांत द्वीप है। दाएं में इस आयु में जीवन रेखा रुक जाती है। इस आयु में स्वास्थ्य की हानि है। इनकी हानि का कारण नर्वस ब्रेक डाउन होना है; क्योंकि हाथ आड़ी-तिरछी रेखाओं से भरा है; जो आर्थिक दृष्टि से भले अच्छा हो, मानसिक दृष्टि से दुःखद है।

इन्हें सांस के निरीक्षण का अभ्यास करके मन में शांति करनी चाहिए और परमार्थ के कार्यों में रुचि लेनी चाहिए और अपने इष्ट के प्रति अपने आपको समर्पित करना चाहिए। जीवन-शक्तिवर्द्धक उंगली मुद्रा का नियमित अभ्यास करके अपने स्वास्थ्य में अभी से सुधार का यत्न करना चाहिए ताकि 65 वर्ष का अनिष्ट टले।

हैंड प्रिंट 2-ए, दायां हाथ
न अधिक पतली, न अधिक मोटी रेखाएं।

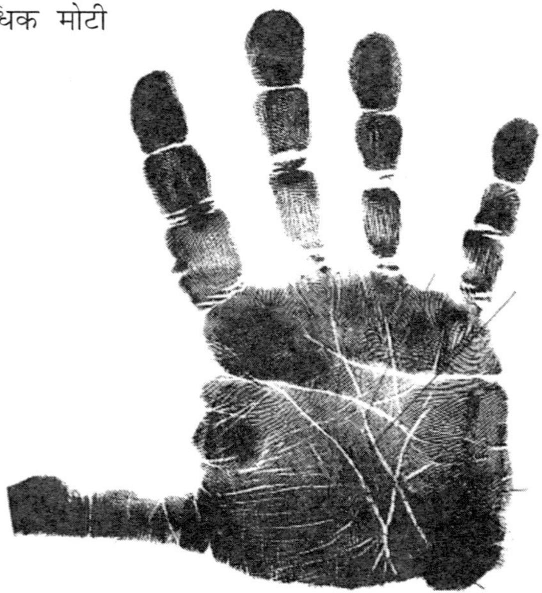

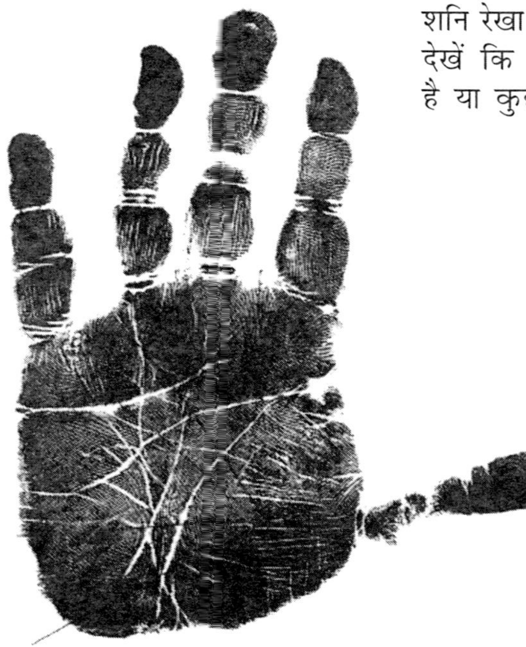

हैंड प्रिंट 2-बी, बायां हाथ
शनि रेखा का आरंभ देखें कि शाखायुक्त है या कुछ और?

हैंड प्रिंट-2, ए, बी का फलादेश

यह हाथ 19 वर्षीय युवक का है। सक्रिय हाथ बायां है।

हाथ भारी, बड़ा और लचीला है। फिंगर प्रिंट्स में छह चक्र, एक डबल लूप तथा एक बंद लूप व दो लूप हैं। अंगूठा छोटा है, दूसरा पर्व बड़ा है। दोनों अंगूठों के दोनों पोरों के मध्य अधूरा द्वीप है। अंगूठे के आधार पर अधूरा बड़ा द्वीप है। उंगलियां मोटी हैं और फैलाने पर भी एक-दूसरे से जुड़ी रहती हैं। रक्षात्मक मंगल अविकसित है, अन्य पर्वत सामान्य विकसित हैं। दोनों हाथों में कामभाव की एक रेखा हृदय रेखा की बजाय कनिष्ठिका के निकट है। प्रश्न है कि जल्दी अमीर कब बनेगा।

फिंगर प्रिंट्स में छह चक्र, मोटी उंगलियां, जो फैलाने पर जुड़ी रहें, छोटा अंगूठा, ये लक्षण बताते हैं कि व्यक्ति अपने विचारों को सरलता से नहीं बदलता। लचीली त्वचा तथा अंगूठे का दूसरा बड़ा पर्व इससे होने वाले अशुभ का निवारण करते हैं। रक्षात्मक मंगल के अतिरिक्त सभी पर्वत सामान्य विकसित हैं तथा हाथ का भारी होना भी शुभ लक्षण है, जो अशुभ रेखा की अशुभता घटाते हैं। मोटी उंगलियां भारी हाथ में, उंगलियों में कम फासले, ये लक्षण दुकानदारी के लिए उपयुक्त नहीं हैं, न ही अध्ययनशील स्वभाव बताते हैं, किंतु उद्योग और उत्पादन के लिए उपयुक्त हैं। प्रयत्नों का फल प्राप्त करने का समय रेखाओं से ज्ञात होगा।

बाएं हाथ को प्रमुख मानकर रेखाओं का अध्ययन करते हैं।

जीवन रेखा गोल है और समाप्ति चंद्र की ओर है। यह विदेश यात्रा का संयोग बताती है। समय, सूर्य रेखा के आरंभ का समय 32 वर्ष है। हाथ में मंगल रेखा नहीं है, यह व्यक्ति सहयोग का आकांक्षी नहीं है। अपने पांव पर खड़ा होने की संभावना है।

जीवन रेखा, जो अंत में दो शाखायुक्त अथवा शनि रेखा आरंभ में दो शाखायुक्त लगती है, वह अत्यंत भ्रामक लक्षण है। कलाई के निकट शुक्र पर्वत के निचले भाग से निकलती शनि रेखा जीवन रेखा को क्रॉस करके 20 वर्ष में शनि के क्षेत्र में प्रवेश करती है। यह शनि रेखा चंद्र पर्वत से निकली एक अन्य शनि रेखा में मिलती है। यह मिलन-स्थल शनि रेखा के आरंभ को दो शाखायुक्त तथा जीवन रेखा के अंत को दो शाखायुक्त होने का भ्रम उत्पन्न करता है। वास्तव में यह शुक्र पर्वत से निकली शनि रेखा है।

शुक्र पर्वत से निकली शनि रेखा बताती है कि 21 वर्ष तक उस पर परिवार का दबाव रहेगा। उसके बाद पैतृक व्यवसाय में पड़ेगा। साथ ही अपना पार्ट टाइम कार्य भी करेगा। 26 वर्ष में पार्ट टाइम कार्य फुल टाइम में बदल जाएगा।

जीवन रेखा से एक अन्य प्रभाव रेखा 30 वर्ष की आयु में शनि रेखा से मिलती है। इन सभी रेखाओं के संयोग से जीवन रेखा और शनि रेखा के मध्य मछली का आकार लेती है। यह मछली का आ. कार शनि के क्षेत्र में पड़ता है, इसलिए इस पर शनि रेखा का आयु संबंधी नियम लागू होता है। इसका अर्थ है कि 21 से 30 वर्ष का समय लाभ का है।

शुक्र पर्वत से निकली शनि रेखा चंद्र पर्वत की शनि रेखा में 26 वर्ष में मिलती है, यह इसके विवाह का संकेत है। अनुमोदन कामभाव की रेखा से करते हैं, क्योंकि कामभाव की केवल एक रेखा हृदय रेखा की अपेक्षा कनिष्ठिका के अधिक निकट है, जो 25 वर्ष से अधिक आयु में विवाह बताती है।

शनि रेखा से 30 और 31 वर्ष में सूर्य रेखाएं निकल रही हैं। ये मस्तिष्क रेखा से मिलकर अनेक त्रिकोण बना रही हैं। मस्तिष्क रेखा के ऊपर भी कई प्रभाव रेखाएं त्रिकोण का निर्माण कर रही हैं। ये 30 और 35 वर्ष के उपरांत धन-संपत्ति की दृष्टि से अनेक लाभ बताते हैं, साथ ही उतार-चढ़ाव भी, क्योंकि ये सभी प्रभाव रेखाएं अंत तक नहीं पहुंचती हैं।

स्पष्ट सूर्य रेखा, मस्तिष्क रेखा से आरंभ होती है। इसे आक्रामक मंगल से निकली एक प्रभाव रेखा 35 वर्ष में काटती है। यह प्रभाव रेखा, हृदय रेखा पर रुकती है। यह समय इस आयु में एक प्रेम संबंध

बताता है, जिससे तनिक मान-हानि की संभावना है, किंतु सूर्य रेखा अंत तक जा रही है, इसलिए हानि का निवारण भी है।

हृदय रेखा शनि पर्वत के नीचे से आरंभ हो रही है और हृदय रेखा के आरंभ और अंत को छोड़कर मध्य में कोई शाखा नहीं है। मंगल रेखा तनिक-सी है, वह भी धूमिल हुई है, ये लक्षण यौन विषयों में उत्तरदायित्व से मुक्ति बताते हैं, किंतु यह बात हस्तपरीक्षक के समझने की है, इसमें से कितना सवाली को बताना है, यह हस्त-परीक्षक के विवेक पर निर्भर है। हृदय रेखा आरंभ में अनेक शाखाओं से युक्त है, यह पैतृक लाभ का संकेत है।

अंगूठे के आधार पर एक खंडित बड़ा द्वीप है तथा हृदय रेखा के अंत में केवल एक शाखा है। अंगूठे के आधार के निकट एक बड़ी, दो छोटी रेखाएं हैं। इन सभी संतान रेखाओं का अर्थ है कि अंत में एक संतान का सुख लिखा है।

जीवन रेखा 50 वर्ष के उपरांत मोटी है। इस समय पारिवारिक झंझटों की संभावना है। 63 वर्ष के उपरांत जीवन रेखा के भीतर एक समानांतर छोटी-सी रेखा है, जो अंत तक जीवन रेखा का साथ देती है। यह जीवन रेखा के अंतिम भाग की अशुभता का निवारण करती है। अतः 65 वर्ष में तनिक कष्ट के बाद 75 वर्ष की आयु है।

सारांश यह है कि यह व्यक्ति धन-संपत्ति, स्वास्थ्य की दृष्टि से भाग्यशाली है।

हैंड प्रिंट 3-ए, दायां हाथ

दोनों हाथ की जीवन रेखा की विलक्षणता देखें और आयु बताएं।

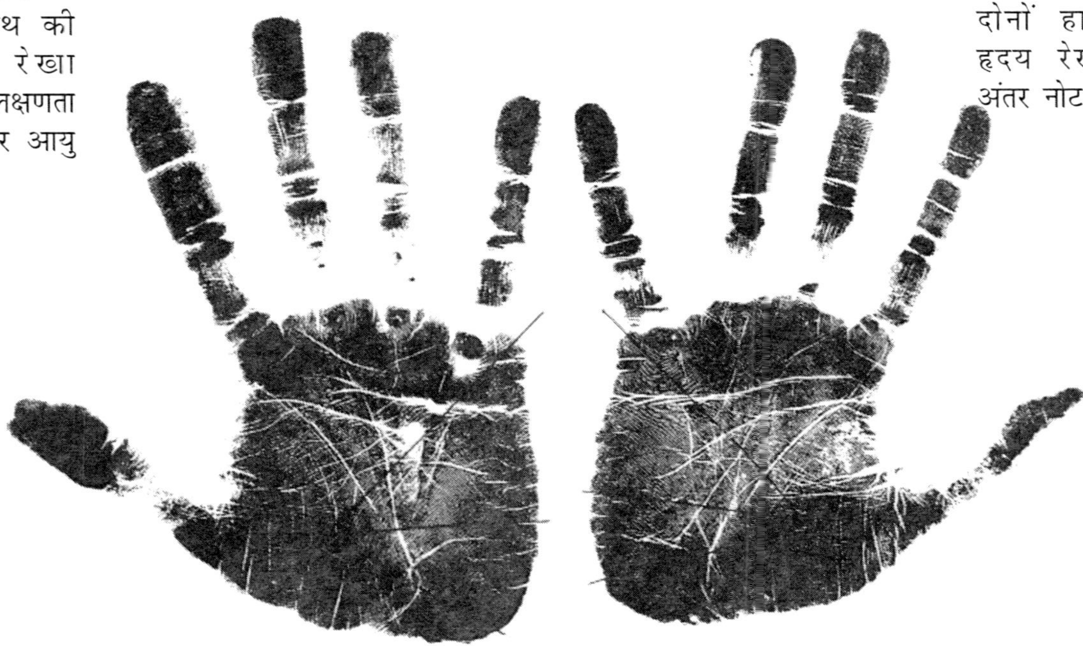

हैंड प्रिंट 3-बी, बायां हाथ

दोनों हाथ की हृदय रेखा का अंतर नोट करें।

हैंड प्रिंट - 3-ए, बी का फलादेश

यह 40 वर्षीय एक व्यापारी का हाथ है। सक्रिय हाथ दायां है।

अंगूठा बड़ा है। दाएं अंगूठे के दो पोरों के मध्य दो रेखाएं हैं। बाएं अंगूठे के दो पोरों के मध्य कटा हुआ द्वीप है। अंगूठे के आधार पर दाएं हाथ में दो बड़े द्वीप हैं, बाएं में एक बड़ा द्वीप है। उंगलियां फैलाने पर फासला कम रहता है। कनिष्ठिका लंबी है। शुक्र, गुरु, आक्रामक मंगल अविकसित हैं। सूर्य, बुध विकसित हैं। शेष पर्वत सामान्य हैं। दाएं हाथ में ऊपर की कामभाव की रेखा लंबी और अधोमुखी है। बाएं हाथ में दो सीधी कामभाव की रेखाएं हैं। फिंगर प्रिंट्स में आठ चक्र और दो बंद लूप हैं।

यह व्यक्ति अपने भाइयों के साथ पैतृक व्यवसाय को छोड़कर अन्य नगर में निजी व्यवसाय करना चाहता है। प्रश्न है कि ऐसा करना चाहिए या नहीं।

इस प्रश्न की दृष्टि से हाथ को पहले देखते है, तत्पश्चात् अन्य विषय भी लेंगे। दोनों हाथों में जीवन रेखा सीधी है। दाएं हाथ में जीवन रेखा के साथ आरंभ से 28 वर्ष तक कुठार रेखा है। 30 वर्ष में जीवन रेखा दो शाखायुक्त होती है। छोटी शाखा का रुख मंगल रेखा की ओर है। बड़ी शाखा का रुख शनि रेखा की ओर है। बड़ी शाखा 40 वर्ष तक स्पष्ट है, तत्पश्चात् धूमिल है। बाएं हाथ में शनि रेखा को जीवन रेखा की एक शाखा छू लेती है।

सीधी जीवन रेखा, कुठार रेखा युक्त जीवन रेखा, दोनों अवस्थाएं पारिवारिक परेशानी बताती हैं। सामान्यत: छोटी जीवन रेखा, छोटा जीवन बताती है, किन्तु वास्तव में ऐसा नहीं है। यहां प्रश्न के अनुसार अधूरी जीवन रेखा स्थान परिवर्तन की सूचना देती है।

सूर्य और शनि पर्वत के नीचे दाएं हाथ की शनि रेखा के निकट

गड्ढा है, जिसकी अवधि शनि रेखा के नियमानुसार 33 से 40 वर्ष है। यह गड्ढे का समय विशेष परेशानी वाला है, जो आजकल चल रहा है, किंतु यह समय समाप्त होने वाला है, इसलिए स्थान परिवर्तन अवश्यंभावी है। 40 के उपरांत गड्ढा समाप्त है और बाएं हाथ की जीवन रेखा की शाखा ने शनि रेखा को छू लिया है। अतः शनि रेखा का जीवन रेखा को मिलने वाला सहारा बताता है कि संकट का समय समाप्त है।

30 वर्ष की आयु में रक्षात्मक मंगल से एक रेखा बुध और सूर्य पर्वत की ओर चलती है। 30 और 40 वर्ष की आयु के मध्य एक रेखा समाप्त होती है। अन्य रेखा उससे पूर्व आरंभ है, उसे ढकती है। यह अन्य रेखा हृदय रेखा पर समाप्त होती है। यह संकेत 40 वर्ष की आयु में व्यवसाय परिवर्तन एवं स्थान परिवर्तन को अवश्यंभावी बनाते हैं। अब देखना यह है कि यह परिवर्तन शुभ है या अशुभ है। इस प्रश्न का उत्तर यह है कि यह परिवर्तन शुभ या अशुभ है। इस प्रश्न का उत्तर यह है कि यह परिवर्तन शुभ है, क्योंकि 40 वर्ष में गड्ढे का समय समाप्त हो रहा है। शनि रेखा और बुध को काटने वाली सारी प्रभाव रेखाएं 40 वर्ष तक हैं, तत्पश्चात् बाधाएं नहीं हैं। बाएं हाथ में 35 के बाद सूर्य रेखा स्पष्ट है।

अब हाथ के अन्य लक्षणों का पठन करते हैं।

मस्तिष्क रेखा का आरंभ आक्रामक मंगल से है, जो क्रोध की मात्रा बताता है। फिंगर प्रिंट्स में आठ चक्र तथा उंगलियों के मध्य कम फासला बताता है कि व्यक्ति अपना इरादा आसानी से नहीं बदलता। मस्तिष्क रेखा आरंभ से दो शाखायुक्त है। आरंभ में धन का लाभ होता है। यह धन लाभ पुरानी पैतृक प्रॉपर्टी है, जिसे बेचने से उसे बहुत बड़ी रकम मिलती है, जिससे वह अन्य नगर में नया कार्य आरंभ कर रहा है।

दाएं हाथ की शनि रेखा में 20 से 23 वर्ष में द्वीप है। इस द्वीप को बनाने वाली एक रेखा चंद्र पर्वत की ओर जाती है, यह बेचैनी का लक्षण है। अंगूठे के दो पोरों के मध्य कटा हुआ द्वीप धन की दृष्टि से अच्छा नहीं है, किंतु दाएं हाथ में शनि रेखा से लगते अनेक त्रिकोण तथा बाएं में 21 से 33 के मध्य बड़ा वर्ग, तत्पश्चात् दो त्रिकोण, ये सारे लक्षण धन की दृष्टि से कष्ट का निवारण करने

वाले हैं। उन्नत बुध, लंबी कनिष्ठिका के साथ सूर्य पर्वत विकसित है, इसलिए व्यक्ति धन के लाभ में रहता है। गुरु पर्वत अविकसित है, जो बुध और कनिष्ठिका के योग से व्यक्ति को कुमार्ग की ओर ले जा सकता है, किंतु दोनों हाथों में गुरु मुद्रिका अत्यंत सुंदर हैं, इसलिए विकसित बुध और लंबी कनिष्ठिका की स्वार्थप्रियता घटती है, व्यक्ति समाज विरोधी कार्यों से धन नहीं कमाएगा।

कामभाव की रेखाएं दाएं हाथ में अधोमुखी हैं, पत्नी के साथ खटपट का योग है। समय जानने के लिए मगल रेखा देखें। 55 में धूमिल होती है। 65 में अन्य स्थान से नई मंगल रेखा आरंभ होती है। ये 10 वर्ष स्वास्थ्य और दांपत्य जीवन के लिए कष्टकर हैं, तत्पश्चात् ठीक हो जाएंगे। कारण, व्यक्ति की अधिनायक-सी प्रवृत्ति है, क्योंकि हृदय रेखा बाएं हाथ में हथेली के एक किनारे से दूसरे किनारे तक गई है और रस्सी की तरह बटी हुई है। बाएं हाथ में हृदय रेखा छोटी है, किंतु शुक्र वलय की एक भुजा इसे सहारा देकर भावनात्मक शक्ति देती हैं इसे अभी से अपनी भावनाओं पर नियंत्रण रखकर पत्नी की भावनाओं को समझना चाहिए। यह विवेक जाग्रत करने के लिए पुखराज धारण करें।

जीवन रेखा के दोष से मुक्ति के लिए जीवन-शक्तिवर्द्धक उंगली मुद्रा तथा हृदय के दोष दूर करने के लिए हृदय-शक्तिवर्द्धक उंगली मुद्रा का अभ्यास करना चाहिए ताकि 55 वर्ष के उपरांत सुखी और स्वस्थ रहें।

दाएं अंगूठे के आधार पर दो बड़े द्वीप तथा अंगूठे के आधार पर शुक्र पर्वत की स्पष्ट दो रेखाएं दो संतानों का अंत तक सुख बताती हैं।

55 वर्ष के उपरांत स्वस्थ और सुखी रहने के लिए जो उपाय बताए हैं, उनसे शक्ति मिलेगी। शुक्र और आक्रामक मंगल के अविक. सित दोष को दूर करने के लिए इन्हें तांबे की अंगूठी या मूंगा धारण करना चाहिए।

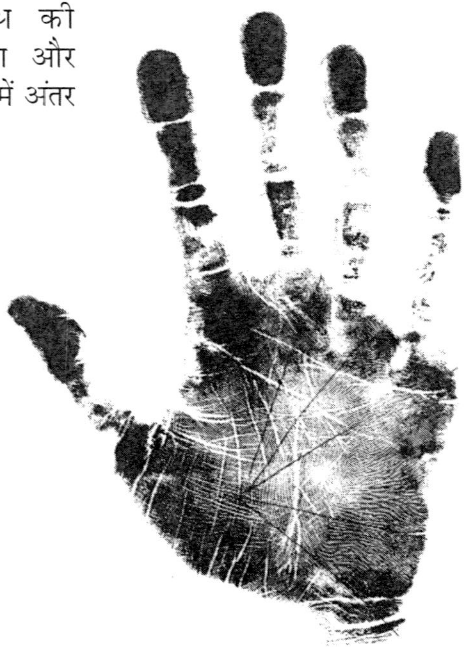

हैंड प्रिंट 4-ए, दायां हाथ
दोनों हाथ की जीवन रेखा और मंगल रेखा में अंतर है।

हैंड प्रिंट 4-बी, बायां हाथ
बुध और सूर्य पर्वत के विकृत रूप का कारण हाथों पर पड़े गट्टे हैं।

हैंड प्रिंट 4 ए, बी का फलादेश

यह 40 वर्षीय एक टूरिज्म एजेंट का हाथ है। सक्रिय हाथ दायां है।

हाथ सख्त है। उंगलियां फैलाने का यत्न करने पर भी जुड़ी रहती हैं। फिंगर प्रिंट्स में सात चक्र हैं। अंगूठे का प्रथम पर्व छोटा है। अंगूठे के दो पोरों के मध्य दो टूटी रेखाएं हैं और अंगूठे के आधार पर भी दो रेखाएं हैं। नाखूनों पर खड़ी धारियां हैं। गुरु, रक्षात्मक मंगल तथा चंद्र पर्वत अविकसित हैं। शेष पर्वत सामान्य हैं। कामभाव की रेखा दाएं हाथ में एक है जो अधोमुखी है। बाएं में एक सीधी है। बाएं हाथ में सूर्य तथा बुध पर्वत पर जो गड्ढे हैं, वे निरंतर मोटर साइकिल चलाने और बोझिल बैग उठाने से बने हैं।

मुख्य प्रश्न दांपत्य जीवन और उन्नति का समय जानना है।

दांपत्य जीवन के लिए सबसे पहले कामभाव की रेखा देखते हैं। यह दाएं में अधोमुखी है, तत्पश्चात् जीवन रेखा और मंगल रेखा देखते हैं।

दाएं हाथ की जीवन रेखा सीधी है और 30 वर्ष की आयु में समाप्त हो रही है। मंगल रेखा भी इसी आयु में धूमिल होती है, तत्पश्चात् गायब हो जाती है। पुनः 65 वर्ष की आयु में प्रकट होती है। बाएं हाथ की जीवन रेखा गोल और लंबी है, किंतु उसमें 21 वर्ष की आयु तक लंबा द्वीप है। यह पारिवारिक संकट आरंभ से बताता है, किंतु सक्रिय हाथ दायां है। अतः दाएं हाथ के अनुसार 28 वर्ष के उपरांत पारिवारिक और दांपत्य जीवन में काफी कष्ट है। मंगल रेखा की अन्य समानांतर रेखाएं सहारा देती हैं, जिनके कारण व्यक्ति को बल मिलता है।

शनि रेखा का आरंभिक भाग द्वीपयुक्त है। यह बचपन से माता-. पिता के सुख से वंचित बताता है। 28 और 32 वर्ष की आयु में शनि रेखा से लगता त्रिकोण उस आयु में धन लाभ बताता है, किंतु

इसी आयु में जीवन रेखा रुकती है और मंगल रेखा धूमिल होती है। अतः इस आयु में दांपत्य कठिनाई बढ़ी है। इस विषय में व्यक्ति खुद कहता है कि 28 वर्ष में मेरी अच्छी जगह नौकरी लगी थी, किंतु मेरे ससुराल वालों ने अपने असर से नौकरी छुड़वा दी। विवरण में जाने पर व्यक्ति ने बताया कि मेरे ससुराल वाले धन और कुल की दृष्टि से मुझसे ऊंचे हैं। वे मेरी उन्नति को सहन नहीं करते, जहां भी मेरा काम बनता है, बिगाड़ देते हैं। मेरी पत्नी और बच्चे उनके प्रभाव में हैं।

उसके कथन में इतनी सच्चाई तो हो सकती है कि ससुराल वालों का दर्जा बुलंद हो, किंतु उसकी उन्नति में अड़चन डालने का कारण व्यक्ति का अपना अड़ियल स्वभाव है। लक्षण हैं, हाथ सख्त है, उंगलियां फैलाने पर अलग नहीं होती है। फिंगर प्रिंट्स में चक्रों की अधिकता है। बाएं हाथ की मस्तिष्क रेखा आक्रामक मंगल से आरंभ हुई है। ये सब लक्षण बताते हैं कि व्यक्ति अपने आपको हालात के अनुसार ढाल नहीं सकता है और शायद पत्नी भी दबंग स्वभाव की है, जो उसकी कट्टरता को सहन नहीं कर पाती। इस वजह से वह अपने मायके में रहती है। हर व्यक्ति अपने स्वभाव को न्यायसंगत ठहराता है, इसलिए इस विषय को अन्य तरीके से कहना पड़ता है या मौन रहना पड़ता है।

कारण कोई-सा भी हो, संघर्ष इसके जीवन में 42 वर्ष तक है, क्योंकि शनि रेखा 35 वर्ष तक मोटी है, तत्पश्चात् धीरे-धीरे पतली होती है। यह पतली शनि रेखा 42 वर्ष की आयु में मस्तिष्क रेखा पर समाप्त होती है। मस्तिष्क रेखा के अन्य भाग से नई शनि रेखा 42 वर्ष में आरंभ होती है, उसी आयु में मस्तिष्क रेखा के अन्य भाग से एक अन्य बारीक शनि रेखा आरंभ होती है। ये दोनों रेखाएं 42 वर्ष में शुभ परिवर्तन का संकेत हैं, अतः इन्हें दो वर्ष तक अपने आपको आश्वासन देना चाहिए और मन को शांत रखना चाहिए।

बाएं हाथ की हृदय रेखा मोटी है और दाएं हाथ की शाखायुक्त है। शाखाएं मस्तिष्क रेखा को जा रही हैं, जो मस्तिष्क रेखा को शक्ति देती हैं, भावना शक्ति कम रहती है। हृदय रेखा की एक समानांतर रेखा तर्जनी के आधार से आरंभ होती है। यह हृदय रेखा को बल देती है। अतः हृदय रेखा के दोष का निवारण होता है, साथ ही जीवन रेखा के दोष का निवारण होता है, अन्यथा छोटी जीवन रेखा

का अर्थ छोटा जीवन मान लिया जाता है। हृदय रेखा की स्थिति को देखकर कह सकते हैं कि आयु पूरी है, अर्थात् 75 से अधिक है, क्योंकि मंगल रेखा का टुकड़ा छोटी जीवन रेखा के अंतिम भाग की क्षतिपूर्ति करता है।

दांपत्य सुख और पारिवारिक सुख इनके जीवन में दिखाई नहीं देता। इस व्यक्ति के लिए आशा का संकेत यह है कि इनके जीवन की अंतिम बाधा 42 वर्ष तक है, तत्पश्चात् आर्थिक रूप से सुख का समय है, किंतु उस सुख को स्थायी बनाने के लिए समन्वय का विकास करना चाहिए। इसके लिए गुरु पर्वत को शक्ति देनी चाहिए और इसके लिए पुखराज धारण करना चाहिए। पुखराज योग्य आर्थिक स्थिति न हो तो तांबा धारण करें और सांस का निरीक्षण करके मन को शांत करें। इससे समन्वय बुद्धि का विकास होगा।

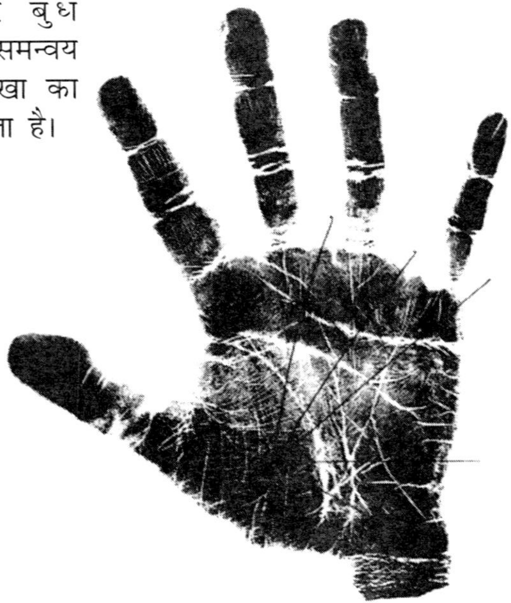

हैंड प्रिंट 5-ए, दायां हाथ
चंद्र और बुध रेखा का समन्वय अंतर्दृष्टि रेखा का भ्रम उपजाता है।

हैंड प्रिंट 5-बी, बायां हाथ
जीवन रेखा और मस्तिष्क रेखा के मध्य फासला देखें।

हैंड प्रिंट 5 ए, बी का फलादेश

यह एक 37 वर्षीय व्यवसायी महिला का हाथ है। सक्रिय हाथ दायां है।

अंगूठा बड़ा है। दाएं हाथ के अंगूठे के दो पोरों के मध्य एक स्पष्ट द्वीप है। बाएं हाथ में छोटे द्वीपों की माला है। अंगूठे के आधार के जोड़ पर जंजीराकार रेखा है। तर्जनी छोटी है। अनामिका बड़ी है। उंगलियों की स्थिति मेहराबनुमा है। उंगलियां फैलाने पर फासला कम रहता है। बुध पर्वत विशेष विकसित है। आक्रामक मंगल अविकसित है। शेष पर्वत सामान्य विकसित हैं।

यह महिला गारमेंट एक्सपोर्ट का व्यवसाय करती है। इसका मुख्य प्रश्न यह है कि यह अपने व्यापार को बढ़ाना चाहती है, क्या यह समय उचित है?

पहले इस प्रश्न के प्रकाश में रेखाएं देखते हैं। मुख्यता दाएं हाथ को देते हैं।

अंगूठे के मध्य द्वीप चिह्न हैं। बुध पर्वत उन्नत है और उंगलियों की स्थिति मेहराबनुमा है। ये लक्षण धन और सफलता की दृष्टि से शुभ हैं। अच्छा समय जानने के लिए रेखाएं देखते हैं।

36 के उपरांत सूर्य रेखा का उदय हो रहा है। 35 और 40 के मध्य शनि रेखा के साथ लगा त्रिकोण है। बुध रेखा 28 से अच्छी है। 35 वर्ष के उपरांत बुध रेखा स्पष्ट है और उसका रुख बुध और सूर्य के मध्य है। मस्तिष्क रेखा तथा शनि रेखा दो शाखायुक्त है। एक शाखा बुध रेखा की ओर जा रही है। 42 वर्ष के बाद एक स्पष्ट शनि रेखा उदित हुई है। ये सारे लक्षण अच्छे व्यापार का संकेत देते हैं। कार्य बढ़ाने का समय अभी से है, किंतु इसका विशेष लाभ 42 वर्ष में मिलेगा, जब मस्तिष्क रेखा से इकहरी बारीक शनि रेखा उदित होती है।

अब शिक्षार्थियों की दृष्टि से हाथ के अन्य लक्षण देखते हैं। यह हाथ आर्थिक दृष्टि से अच्छा है, किंतु पारिवारिक और दांपत्य जीवन की दृष्टि से बुरा है।

कामभाव की रेखा अधोमुखी है। मंगल रेखा टुकड़ों में है और

जीवन रेखा से निरंतर दूर हो रही है। यह दांपत्य जीवन में खटपट या दूरी बताती है। कारण अन्य लक्षणों में देखते हैं।

जीवन रेखा और मस्तिष्क रेखा फासले पर उदित हुई हैं और इन दोनों रेखाओं के मध्य छोटी-छोटी रेखाएं हैं। हृदय रेखा की मोटी शाखा मस्तिष्क रेखा में मिलती है। उंगलियां फैलाने पर एक-दूसरे से जुड़ी दिखाई देती हैं। अंगूठा और अनामिका लंबी हैं। ये लक्षण स्त्री का दबंग स्वभाव बताते हैं। यदि पति दबने वाला होता तो समन्वय हो जाता, किंतु पति भी अड़ियल स्वभाव का लगता है, इससे मंगल आदि रेखाएं दूषित हो गई हैं। मस्तिष्क रेखा और हृदय रेखा मोटी है। जीवन रेखा बाएं की अपेक्षा दाएं में मोटी है। इसका अर्थ भी संघर्ष और पारिवारिक कठिनाइयां हैं।

स्त्री के अपने कथनानुसार, वह पिछले 10 वर्ष से पति से अलग रहती है, किंतु तलाक नहीं हुआ। अपना व्यवसाय करती है, तलाक लेने में उसकी रुचि भी नहीं है।

21 वर्ष की आयु में चंद्र पर्वत की ओर से एक रेखा चलकर 25 वर्ष में शनि रेखा में मिली है। इस मिलन-स्थल से 28 वर्ष तक शनि रेखा पर कई रेखाओं का जमघट है, जो शनि रेखा को विकृत करता है। 28 वर्ष से शनि रेखा कुछ-कुछ सुधरती है और 28 वर्ष की आयु में वहां से बुध रेखा निकलती है, जिसका रुख कुछ-कुछ सूर्य पर्वत की ओर है। इसका फल यह है कि 21 वर्ष की आयु में इसका ब्याह हुआ है। 25 से खटपट शुरू हुई है। 28 से उसने अपना अलग व्यापार किया है।

दाएं हाथ में 28 और 35 के मध्य शनि रेखा के साथ लगता हुआ एक त्रिकोण है, जो धन-संपत्ति का लाभ बताता है। दाएं हाथ की शनि रेखा के दूसरी ओर (जीवन रेखा की ओर) 30 और 36 के मध्य की आयु में एक द्वीप है। 35 और 42 के मध्य दो त्रिकोण हैं। शनि रेखा के निकट 26 से 32 के मध्य शनि रेखा और बुध रेखा के मध्य एक लंबा वर्ग या मछली का चिह्न है। इन लक्षणों का अर्थ यह है कि 28 और 42 के मध्य अनेक जगह से धन-संपत्ति के लाभ के साथ हानि भी हुई है, किंतु कुल मिलाकर लाभ हुआ है।

23 वर्ष की आयु में चंद्र पर्वत पर बने एक क्रॉस से एक प्रभाव रेखा निकलकर 32 वर्ष में बुध रेखा / सूर्य रेखा से मिलती है। यह प्रभाव रेखा 26 और 28 वर्ष में आड़ी रेखाओं द्वारा काटी जाती है, यह साझा या प्रेम-संबंध या दोनों हो सकता है। जिसके विषय में

महिला का कहना है कि साझा है। प्रेम के विषय में महिला स्पष्ट कुछ नहीं कहती है। अतः इन्हें उघाड़ना भी उचित नहीं है, किंतु हमारे मतानुसार यह आरंभ में साझा संबंध है। 26 और 30 वर्ष की बाधाओं के उपरांत यह 32 वर्ष में प्रेम-संबंध में बदल गया है। शायद इसी निकटता के कारण पति-पत्नी में खटपट हुई है, क्योंकि चंद्र पर्वत की एक प्रभाव रेखा दाएं हाथ में भी है। इसमें आयु का अंतर है, किंतु हम दाएं हाथ की आयु को ठीक मानते हैं।

चंद्र पर्वत की ओर से गोलाकार प्रभाव रेखा का बुध रेखा में मिलन है। उससे अंतर्दृष्टि रेखा का आभास मिलता है, किंतु इस रेखा का फल आधी अंतर्दृष्टि रेखा का है, जो व्यापारिक, कल्पनाशक्ति और सूझबूझ बताती है।

35 वर्ष के उपरांत जीवन रेखा निरंतर मोटी हुई है। मंगल पर्वत की अधूरी छोटी रेखाएं, पारिवारिक संबंधों में मिठास नहीं रहने देंगी। आर्थिक लाभ बढ़ने के साथ पारिवारिक उलझनें बढ़ने की आशंका है। इससे बचने के लिए तर्जनी अर्थात् गुरु पर्वत को शक्ति देनी चाहिए, ताकि बुध पर्वत के स्वार्थ का प्रभाव कम किया जा सके। पुखराज इनके लिए अनुकूल है।

बाएं हाथ में अंगूठे के आधार पर चार संतान रेखाएं हैं। दाएं में एक स्पष्ट रेखा है, अर्थात् अधिक संतानों की संभावना है, किंतु साथ एक ही निभाएगा। इस स्त्री के कथनानुसार उसकी दो लड़कियां हैं, जो उसके साथ रहती हैं।

बुध रेखा मोटी जीवन रेखा को 63 वर्ष की आयु में काटती है, जो इस आयु में स्वास्थ्य की हानि बताती है। रोग के क्षेत्र जानने के लिए देखें कि चंद्र पर्वत पर अनेक क्रॉस और आड़ी रेखाएं हैं। हृदय रेखा मोटी रस्सी की भांति बंटी हुई है। हाथों पर बहुत-सी आड़ी-ति. रछी रेखाएं हैं। ये बताती हैं कि इन्हें मस्तिष्क अर्थात् नर्वस सिस्टम, हृदय रोग तथा ब्लड प्रेशर की ओर निरंतर ध्यान देना चाहिए। जीवन शक्तिवर्द्धक उंगली मुद्रा, मस्तिष्क शक्तिवर्द्धक उंगली मुद्रा तथा हृदय शक्तिवर्द्धक उंगली मुद्रा का अभ्यास करना चाहिए ताकि 63 वर्ष की आयु में स्वास्थ्य की हानि को बचाया जा सके।

हृदय रेखा के ऊपर अतिरिक्त सहायक रेखा हृदय रेखा के दोष को कम करती है। जीवन रेखा को बुध रेखा काटती है, फिर भी जीवन रेखा आगे जारी रहती है, इसलिए आयु लंबी है। इस लंबी आयु को सुखपूर्वक निभाने के लिए इन्हें ये उपाय बताए गए हैं।

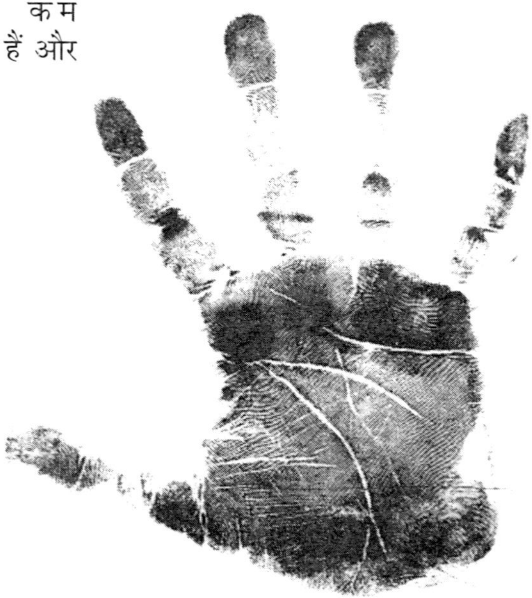

हैंड प्रिंट 6-ए, दायां हाथ
रेखाएं कम संख्या में हैं और मोटी हैं।

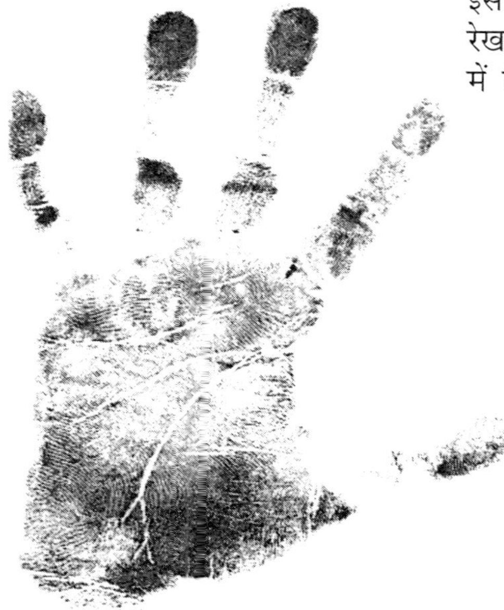

हैंड प्रिंट 6-बी, बायां हाथ
इस हाथ में शनि रेखा नहीं है, दाएं में है।

हैंड प्रिंट 6 ए, बी का फलादेश

यह 21 वर्षीय युवक का हाथ है। सक्रिय हाथ दायां है।

हाथ सख्त है। अंगूठा लंबा है और उसका दूसरा पर्व लंबा है। अंगूठे के दो पोरों के मध्य दो छोटी-छोटी रेखाएं हैं और आधार पर द्वीपमाला है। कनिष्ठिका छोटी और निम्न स्थिति में है। शुक्र पर्वत अतिविकसित है, अन्य पर्वत सामान्य हैं। दाएं हाथ में कामभाव की एक रेखा है, जो कनिष्ठिका और हृदय रेखा के मध्य भाग से तनिक ऊपर है। बाएं हाथ में दो रेखाएं हैं। ऊपर की छोटी, नीचे की बड़ी। फिंगर प्रिंट्स में नौ चक्र हैं।

इस आयु में उन्नति और विवाह, ये प्रश्न सामान्य होते हैं।

सख्त हाथ का व्यक्ति श्रम से नहीं घबराता और विचार सरलता से नहीं बदलता। फिंगर प्रिंट्स में अधिक चक्रों की उपस्थिति विचारों की दृढ़ता का अनुमोदन करती है।

लंबा अंगूठा अच्छी सूझबूझ बताता है। अंगूठे का दूसरा पर्व बड़ा है, यह योजनाएं बनाने का लक्षण है, किंतु पहला पर्व छोटा होने से योजनाएं कार्य रूप में परिणित नहीं होती हैं। कनिष्ठिका छोटी और निम्न स्थिति में है, ऐसा व्यक्ति सरल होता है और हीनता की भावना से ग्रसित होता है।

व्यक्ति के हाथ में रेखाएं कम हों तो भविष्य कथन में कठिना. ई आती है, साथ ही यह भी ज्ञात होता है कि जीवन में अधिक उतार-चढ़ाव नहीं होंगे। उन्नति धीरे-धीरे होगी।

मोटी रेखा का अर्थ है संघर्ष अधिक, प्राप्ति कम। अंगूठे के मध्य दो टूटी रेखाएं भी इस बात का अनुमोदन करती हैं।

दाएं हाथ में शनि रेखा है, बाएं में नहीं है। इसका फल यह

है कि व्यक्ति में अपने परिवार की स्थिति से आगे निकलने की चाह है, किंतु प्रश्न यह है कि यह चाह कब पूरी होगी। इस बात का उत्तर देने का यत्न करते हैं और देखते हैं कि जीवन में अच्छा समय कब है।

जीवन रेखा आरंभ में मोटी है और द्वीपयुक्त है। बचपन अभाव में बीता है। दाएं हाथ की जीवन रेखा 35 वर्ष की आयु में पतली हुई है। यह समय भाग्योदय का है। दाएं हाथ में 26 वर्ष की आयु में शनि रेखा हल्की-सी उदित हुई है और 35 वर्ष में स्पष्ट हुई है। 26 वर्ष की शनि रेखा के साथ कामभाव की रेखा को भी देखते हैं, वह मध्य से तनिक ऊपर है। इसका अर्थ है कि 26 वर्ष की आयु में विवाह का योग है और इसके साथ ही स्थिति पहले से कुछ सुधरनी आरंभ होगी। 35 वर्ष में अधिक सुधार है।

35 वर्ष की आयु में जीवन रेखा से अत्यंत धुंधली शनि रेखा के समानांतर रेखा निकलती है, यह अभी स्पष्ट नहीं है। आशा है कि स्पष्ट होगी क्योंकि प्रवृत्ति शुभ की ओर है। कारण, बाएं हाथ की बजाय दाएं हाथ की रेखाएं अच्छी हैं। 33 वर्ष में धन, रोजगार की दृष्टि से उछाल आएगा।

मंगल रेखा नहीं है, अर्थात् कहीं से सहयोग की आशा नहीं है। अपने बलबूते पर आगे बढ़ना है। कहीं से सहयोग न होने का कारण फिंगर प्रिंट्स में अधिक चक्र, सख्त हाथ है जो व्यक्ति का मनमानी होने का स्वभाव बताता है। हृदय रेखा दाएं हाथ में लंबी है और बाएं में छोटी है, किंतु बाएं में हृदय रेखा के ऊपर की समानांतर रेखा है, जो छोटी हृदय रेखा का दोष घटा देती है। जीवन रेखा भी लंबी और बाधाहीन है। पुष्ट शुक्र पर्वत अच्छी जीवन शक्ति बताता है, अर्थात् व्यक्ति में हर प्रकार के रोगों से रक्षा करने की शक्ति है। अतः 75 वर्ष तक स्वस्थ रहने का योग है।

जीवन रेखा अंत में दो शाखायुक्त है। एक शाखा चंद्र पर्वत की ओर जाती है, यह अपने जन्म स्थान से दूर जाकर बसेरा करने का योग है। गढ़वाल में उपजे व्यक्ति का दिल्ली निवास इसका स्पष्ट प्रमाण है, किंतु व्यक्ति की इच्छा विदेश यात्रा की है, इसकी संभावना 35 वर्ष के उपरांत है।

सूर्य पर्वत पर एक खड़ी रेखा 60 वर्ष के उपरांत जीवन की इच्छाओं की पूर्ति बताती है, वह समय अभी बहुत दूर है। तब तक अनेक परिवर्तन होने की संभावना है, उपाय बरतने से यह समय निकट हो सकता है।

अंगूठे के आधार पर दो स्पष्ट द्वीप तथा दाएं हाथ में अंगूठे के निकट शुक्र पर्वत पर दो स्पष्ट रेखाएं दो संतानों का सुख बताती हैं।

उन्नति और सौभाग्य को निकट लाने के लिए लोहे की अंगूठी पहननी चाहिए। प्रातःकाल उठकर अपने हाथ का दर्शन करते समय अपने इष्ट देव को स्मरण करना चाहिए, इससे मन को शांति मिलेगी और शुभ समय निकट आएगा।

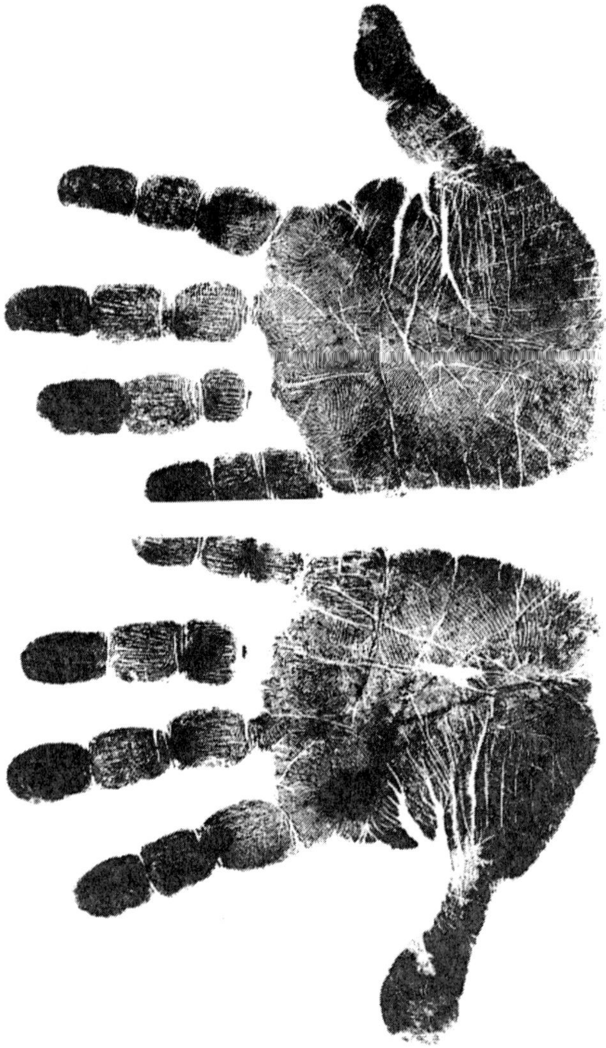

ए. 1978 में लिया गया दाएं हाथ का प्रिंट : आयु 48 वर्ष

बी. बायां हाथ, दोनों हाथ में प्रभाव रेखाएं अधिक नहीं हैं।

सी. 1988 में लिया गया दाएं हाथ का प्रिंट : आयु 58 वर्ष।

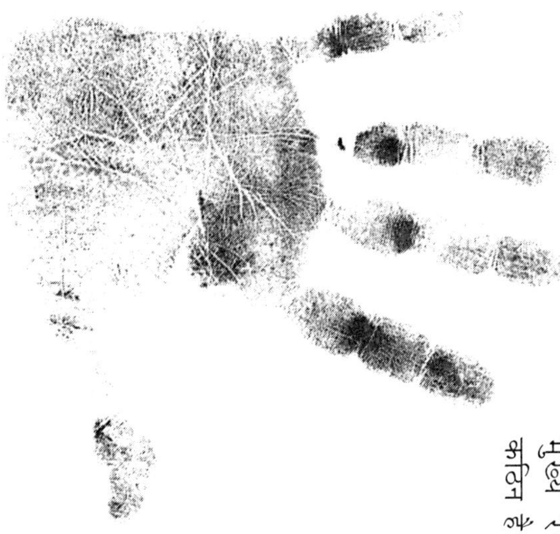

डी. बायां हाथ : दोनों हाथ में प्रभाव रेखाएं इतनी अधिक हैं कि मुख्य रेखाएं ढूंढना कठिन है।

ई. 1991 में लिया गया हाथ का प्रिंट : आयु 61 वर्ज़

एफ. बाएं हाथ में प्रभाव रेखाएं घटी हैं, मुख्य रेखाएं अधिक स्पज़्ट हुई हैं।

कुछ हैंड प्रिंट्स और उनके फलादेश

5. स्वास्य लाभ के लिए स्वांस योग

सांस का निरीक्षण

आज से ढाई हजार वर्ष पहले गौतम बुद्ध ने अपनी तपस्या के उपरांत 'विपश्यना' नामक एक विधि की खोज की थी। मन को शांत करने तथा 'ध्यान' में स्थित होने के लिए यह विधि अचूक है। ध्यान की गहराई में प्रवेश करने के लिए विपश्यना विद्यापीठ इगत पुरी (महाराष्ट्र) के लगाए शिविरों में रहना होता है, किंतु हमने देखा है कि हर व्यक्ति के पास आश्रम या शिविर में रहकर अभ्यास करने का समय नहीं होता। ऐसे व्यक्ति विपश्यना की प्रारंभिक क्रिया का अभ्यास करके अपने आपको तनावमुक्त रख सकते हैं। आरंभिक अभ्यास अत्यंत सरल है और इसे घर, यात्रा, कार्यालय, दुकान आदि कहीं भी बैठकर किया जा सकता है।

इस अभ्यास को करने से पहले इसे समझ लें–

सांस हमारे जीवन का आधार है। जब तक सांस चल रही है, तब तक हम जीवित रहते हैं, किंतु हमने कभी इस सांस की ओर ध्यान नहीं दिया।

सांस पर ध्यान देने के लिए आंखें बंद कर लें, जो सांस नाक के रास्ते से प्रवेश कर रही है, उसके भीतर प्रवेश करने को अनुभव करें। जो सांस नाक के मार्ग से बाहर आ रही है, उसे भी अनुभव करें। यहां मात्र सांस के आवागमन को ध्यान में रखना है।

आरंभ में यह अभ्यास करते समय मन बार-बार सांस के निरीक्षण से हटता है, इससे हताश न हों, बल्कि जिस समय आपको अचानक लगे कि मन सांस से हटकर कहीं और जा रहा है, यथा व्यापार,

नौकरी, दोस्त, दुश्मन, भूत-भविष्य आदि के विषय में सोचने लगा है, उसी समय पुनः सांस के निरीक्षण में मन को लगाएं।

जिस व्यक्ति का चंद्र पर्वत अत्यंत विकसित होता है, उसका मन अधिक कल्पनाशील होता है। ऐसे व्यक्ति आंखें बंद करते हैं, तो भांति-भांति की कल्पनाएं उनके सांस के निरीक्षण में बाधक होती हैं। वे आंखें खोलकर भी सांस का निरीक्षण कर सकते हैं। सांस के इस निरीक्षण से मन को शांति मिलती है और समस्या की ओर से ध्यान हटता है, जिससे तनाव मिटता है। तनाव हटते ही विचार शक्ति लौट आती है, जिससे समस्या का हल मिल जाता है।

यह अभ्यास प्रातः व सायं नियमित रूप से 15-15 मिनट करते रहने से शांति मिलती है। जब कभी दिन के समय किसी प्रकार की कठिनाई का अवसर आ जाए, तो यह अभ्यास 5-7 मिनट के लिए तीसरी-चौथी बार भी कर सकते हैं। इससे परेशानी हटेगी और समस्या का समाधान खोजने में सहायता मिलेगी।

हर व्यक्ति हर प्रकार का अभ्यास करने के योग्य नहीं होता, इसलिए कुछ अन्य उपाय बता रहे हैं।

अनिष्ट के निवारण के लिए उन्हें जप-तप, पूजा-पाठ की सलाह देनी चाहिए। इससे शंकालु का मनोबल बढ़ता है और अशुभ का निवारण होता है, किंतु दूसरे के अनिष्ट के लिए किए जाने वाले पूजा-अनुष्ठान को रोकना चाहिए। दूसरे के अनिष्ट की कामना से अपना ही मन मैला होता है। मैला मन सौभाग्य की अपेक्षा दुर्भाग्य की ओर धकेलता है।

स्वर-योग द्वारा तनाव-मुक्ति

जिस व्यक्ति के हाथ पर रेखाओं का जाल फैला हो अथवा नाखूनों पर खड़ी धारियां हों, वह व्यक्ति आम तौर पर तनाव और अवसाद (डिप्रेशन) में रहते हैं। आशंकाओं के कारण उन्हें नींद भी कम आती है। ऐसे सवाली को चंद्र स्वर प्रबल बनाने की सलाह देनी चाहिए। हमने अपनी पुस्तक 'ध्यान योग : कुछ सरल विधियां' में चंद्र स्वर और सूर्य स्वर के विषय में विस्तार से बताया है। यहां संक्षेप में इन स्वरों के विषय में मुख्य बातें बताते हैं, ताकि आप अपने सवाली की परेशानी को दूर कर सकें।

स्वर का प्रवाह बदलने की विधि अत्यंत सहज है। दूसरों को यह विधि बताने से पहले अपने स्वर जांच करें, ताकि आप आगे सुझा सकें। जांच की विधि हम बताते हैं–

मुख को बंद करके नासिका का दायां छिद्र उंगली से बंद करें, बायां छिद्र खुला रखें। नाक से गहरी सांस लें और छोड़ें। उसके बाद मुख को बंद रखते हुए बाएं छिद्र को उंगली से बंद करें और दायां छिद्र खुला रखें। नाक से गहरी सांस लें और छोड़ें। यह क्रिया दो-तीन बार करने से आप जान लेंगे कि नासिका के किस छिद्र से सांस का प्रवाह अधिक सुगमता से हो रहा है।

यदि नासिका के दाएं छिद्र से सांस अधिक सुगमता से आ-जा रही है, तो इस समय आपका सूर्य स्वर अधिक प्रबल है। यदि बाएं छिद्र से सांस का प्रवाह अधिक सुगमता से हो रहा है, तो आपका चंद्र स्वर अधिक प्रबल है। यदि दोनों छिद्रों से एक जैसे वेग से सांस आ-जा रही हो, तो सुषुम्ना स्वर प्रबल है।

चंद्र, सूर्य तथा सुषुम्ना स्वर, थोड़ी-थोड़ी देर के बाद स्वयं ही बदलते रहते हैं। तनाव, क्रोध, अनिद्रा के अवसर पर सामान्यतः सूर्य स्वर अधिक चलता है। यदि चंद्र स्वर चलाया जा सके, तो तनाव कम होता है और नींद की संभावना बनती है।

भोजन पचाना, युद्ध, प्रतियोगिता, कामभाव आदि के अवसरों पर सूर्य स्वर के चलने से लाभ होता है।

सुषुम्ना स्वर का एक घंटे से अधिक समय तक लगातार चलते रहना अनिष्टकारी होता है। ऐसे अवसर पर इष्टदेव का स्मरण करना चाहिए।

अब हम इच्छानुसार स्वर बदलने की विधि बताते हैं–

यदि सूर्य स्वर चल रहा हो और चंद्र स्वर चलाना हो, तो दाईं करवट लेंटे, अर्थात् अपनी नासिका का दायां छिद्र तकिये की ओर रखें और बायां छिद्र छत की ओर करें। पांच-सात मिनट में आप देखेंगे कि आपका स्वर बदल गया है। यदि पांच-सात मिनट में स्वर न बदले, तो समझें कि सूर्य स्वर अधिक बलवान है। इसके लिए तनिक अधिक देर तक इसी करवट में लेटे रहें।

स्वर बदलने की अन्य विधियां भी हैं, जो हमने अपनी पुस्तक

में विस्तार से बताई हैं। यहां केवल मुख्य विधि बताई है, ताकि आप अपने सवाली का अधिक-से-अधिक हित कर सकें।

स्वास्थ्य एवं मनोबल बढ़ाने के उपाय

नित्य दर्पण देखते रहने से जिस प्रकार रूप संवरता है, उसी प्रकार नित्य प्रातःकाल दोनों हाथों को देखते रहने से भाग्य संवरता है। इस विषय में एक प्राचीन श्लोक भी है–

कराग्रे वसते लक्ष्मीः करमध्ये सरस्वती।

करपृष्ठे तु गोविंदः प्रभाते कर-दर्शनम्॥

अर्थात् हाथ के अग्र भाग (ऊपरी भाग या उंगलियों) में लक्ष्मी का निवास है। मध्य भाग अर्थात् हथेली में सरस्वती का वास है। हाथ के पृष्ठ भाग पर गोविंद यानी प्रभु का निवास है। नित्य प्रातःकाल इन भागों का दर्शन करना चाहिए। हाथ का दर्शन करते समय अपने इष्टदेव का स्मरण करके शुभ कामना करनी चाहिए। इससे मनोबल बढ़ता है, जिससे दूषित प्रभाव नष्ट होता है।

हमारे एक पामिस्ट मित्र रेखाओं और पर्वतों का दोष दूर करने के लिए सप्ताह में किसी विशेष दिन के लिए उपवास करने या कोई विशेष प्रिय भोजन सप्ताह में एक दिन छोड़ने की सलाह देते हैं। कुछ ज्योतिषी या पामिस्ट पक्षियों को दाना डालने का सुझाव देते हैं। व्यक्ति यदि श्रद्धापूर्वक दाना डाले या व्रत, उपवास करे, तो इससे मनोबल बढ़ता है और उसका फल भाग्य पर शुभ पड़ता है। यदि श्रद्धा न हो तो उसका फल नहीं होता, किंतु उंगली मुद्रा और 'धातु स्पर्श' का प्रभाव अवश्य पड़ता है।

अंतिम बात

हमने अपने शुरू के प्रकरणों में आपको प्रमाण सहित बताया है कि रेखाएं बदलती रहती हैं। ये रेखाएं अशुभ यानी नकारात्मक प्रभाव के अनुसार भी बदलती हैं और शुभ यानी सकारात्मक प्रभाव के अनुसार भी बदलती हैं। हमने इस प्रकरण में जो उपाय बताए हैं, उनके अनुसार रेखाएं शुभ दिशा की ओर बदलती हैं। वे उपाय एक बार फिर याद करें–

1. उंगली मुद्राएं।

2. धातु स्पर्श।

3. नित्य प्रात: हाथ का दर्शन करते हुए इष्टदेव का स्मरण।

4. पूजा-पाठ, व्रत-उपवास।

5. स्वर योग।

सवाली की श्रद्धा और हैसियत के अनुसार इनमें से कुछ उपाय बताकर आप अपने सवाली के अशुभ को शुभ में बदलने की प्रेरणा दें।

हस्त मुद्रा

रेखाओं के दोष नविारण के उपाय

यदि किसी हाथ में पर्वत अथवा रेखाएं दोषपूर्ण हों तो उनके दोष से व्यक्ति को मुक्त होने के उपाय बताना आवश्यक है, अन्यथा हस्त-परीक्षा का कोई लाभ नहीं है।

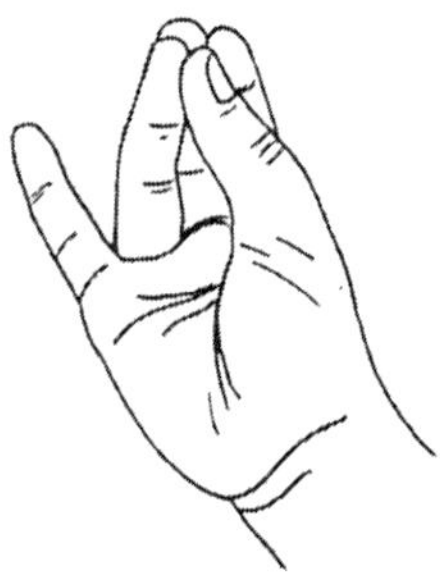

हृदय शक्तिवर्द्धक मुद्रा

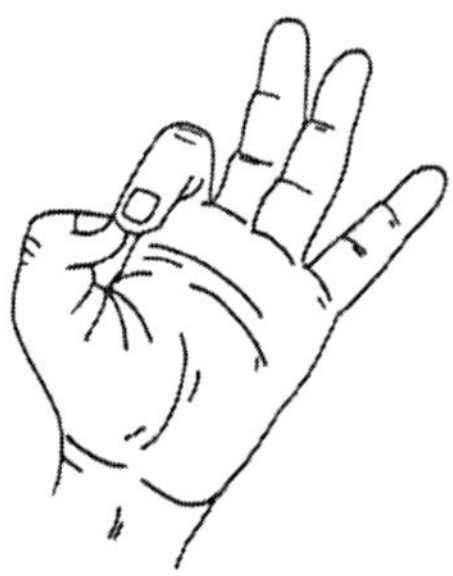

मस्तिष्क शक्तिवर्द्धक मुद्रा

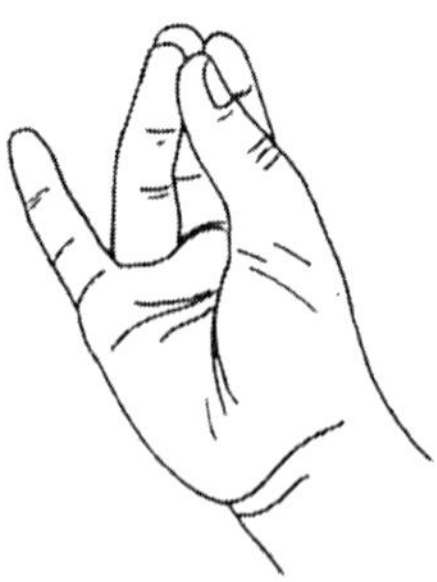

जीवन शक्तिवर्द्धक मुद्रा

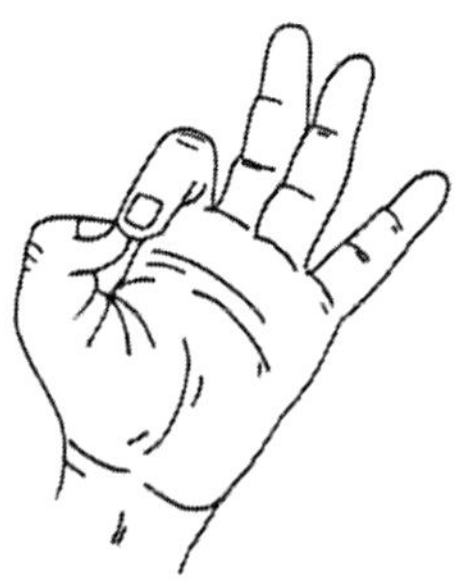

शनि शक्तिवर्द्धक मुद्रा

उंगलियों की मुद्राएं

हमने आरंभ में कहा है कि शरीर-क्रिया-विज्ञान के अनुसार मस्तिष्क में हाथ का प्रतिनिधित्व शरीर के अन्य भागों की तुलना में अधिक है और हथेली की तुलना में उंगलियों और अंगूठे का अधिक प्रतिनिधित्व है।

इसके साथ हम प्राचीन योग-विद्या की ओर लौटते हैं, तो पाते हैं कि तपस्वी जन तपस्या की अवस्था में अपनी उंगलियों को विशेष स्थिति में रखते थे। जैन तीर्थकरों तथा गौतम बुद्ध की मूर्तियों में इनमें से कुछ मुद्राओं को देखा जा सकता है।

आधुनिक शरीर-क्रिया तथा प्राचीन योग-विद्या के अध्ययन के उपरांत हम इस परिणाम पर पहुंचते हैं कि योगीजनों की उंगलियों की मुद्राओं का उद्देश्य मस्तिष्क के कुछ केंद्रों की अतिरिक्त शक्ति को दूसरे केंद्र तक पहुंचाकर सम करना था।

अपने अध्ययन से तथा सिद्ध जनों के चरणों में बैठकर हमने उंगलियों की कुछ मुद्राओं का ज्ञान प्राप्त किया है। एक पामिस्ट के तौर पर इस ज्ञान का उपयोग रेखाओं और पर्वतों के दोष दूर करने के लिए भी परखा है और उनके प्रभाव से व्यक्ति परिवर्तन होते देखा है। वे उपाय यहां हम अपने शिक्षार्थियों को भी बता रहे हैं।

हृदय शक्तिवर्द्धक उंगली मुद्रा

कनिष्ठिका को छोड़कर अन्य तीनों उंगलियों के सिरों को अंगूठे के सिरे से मिलाएं, तो यह मुद्रा बनती है (देखें चित्र म-1)। यदि हृदय रेखा दोषपूर्ण हो, सूर्य पर्वत अति विकसित हो, चंद्र पर्वत अविकसित हो, तो इससे व्यक्ति को लाभ पहुंचता है।

जिन व्यक्तियों को ब्लडप्रेशर और हृदय रोग हो या जिन्हें दिल का दौरा पड़ चुका हो, उन्हें भी इस मुद्रा का नित्य अभ्यास करना चाहिए। प्रतिदिन 15 मिनट प्रातः, 15 मिनट सायं इस मुद्रा का अभ्यास करने से लाभ होता है। यदि आपका सवाली औषधियों का सेवन कर रहा हो, तो उसे औषधियों के सेवन से मत रोकें।

मस्तिष्क शक्तिवर्द्धक उंगली मुद्रा

तर्जनी के सिरे को अंगूठे के सिरे से मिलाकर यह मुद्रा बनती

है (देखें चित्र-2)। योगविद्या में इसे चिन्मुद्रा कहते हैं। मस्तिष्क रेखा दूषित हो या गुरु पर्वत अति विकसित हो अथवा अविकसित हो, तो इस मुद्रा से लाभ होता है। प्रतिदिन 15 मिनट प्रातः, 15 मिनट सायं अभ्यास करें।

जीवन शक्तिवर्द्धक उंगली मुद्रा

कनिष्ठिका और अनामिका, इन दोनों के इकट्ठे रूप को अंगूठे के सिरे के साथ मिलाने से यह मुद्रा बनती है (देखें चित्र-3)। इससे जीवन रेखा और बुध रेखा के दोष दूर होते हैं। शुक्र पर्वत अविकसित हो या आक्रामक मंगल अविकसित हो, तो भी इस मुद्रा का 15-15 मिनट प्रातः-सायं अभ्यास करें।

शनि दोष निवारक उंगली मुद्रा

तर्जनी को मोड़कर उसका सिरा शुक्र पर्वत पर लगाएं, शेष सभी उंगलियां और अंगूठा अलग रखें, तो यह उंगली मुद्रा बनती है (देखें चित्र म-4)। शनि पर्वत में दोष हो या शनि रेखा दूषित हो, तो इस उंगली मुद्रा से लाभ पहुंचता है। प्रातः-सायं 15-15 मिनट अभ्यास करें।

पक्षाघात, गठिया (जोड़ों का दर्द) आदि वायु प्रधान रोगों के अवसर पर इस मुद्रा का अतिरिक्त अभ्यास करें। ये सारी मुद्राएं अगले पृष्ठ पर देखें।

बुध दोष निवारक उंगली मुद्रा

बाएं हाथ की तर्जनी का सिरा दाएं हाथ की तर्जनी और मध्यमा के सम्मिलित रूप से मिलाएं, तो यह उंगली मुद्रा बनती है। बुध पर्वत अथवा बुध रेखा दूषित हो, तो दाएं और बाएं हाथ से बारी-बारी से यह मुद्रा बनाएं, 15-15 मिनट प्रातः-सायं। पेट अथवा शरीर के किसी भाग में अगर गैस एकत्रित हो जाए, तो भी इस मुद्रा का अभ्यास उस समय इलाज के तौर पर भी किया जा सकता है।

ये सभी मुद्राएं बारी-बारी से दोनों हाथों की उंगलियों द्वारा करनी चाहिए। यदि रेखा में कोई दोष न हो तो भी इन सबका दो-दो मिनट अभ्यास करने से दोष व रोगों की संभावना कम हो जाती है। इन सभी मुद्राओं को हर समय स्मरण रखना कठिन होता है। यदि समय पर सभी मुद्राएं याद न रहें, तो 'मस्तिष्क शक्तिवर्द्धक उंगली मुद्रा' (पुनः

देखें चित्र-2) का अभ्यास कराएं। यह मुद्रा हर जगह थोड़ा-बहुत प्रभाव दिखाती है।

धातु-स्पर्श द्वारा भाग्य सुधारें

फलित ज्योतिष में ग्रहों के दूषित प्रभाव को दूर करने के लिए रत्न धारण करने के लिए परामर्श दिया जाता है। इन रत्नों का प्रभ. ाव हथेली के पर्वतों पर हो सकता है या नहीं, इस विषय में अभी अनुसंधान नहीं हो सका है, किंतु भारत का एक बड़ा समाज रत्नों का प्रभाव स्वीकार करता है, इसलिए सवाली की आस्था के अनुसार रत्न धारण के विषय में परामर्श दिया जा सका है, किंतु हमने धातुओं के स्पर्श का शुभ प्रभाव होते हुए देखा है। अतः हम उसका विवरण देकर अपने निष्कर्ष बता रहे हैं।

हमने पहले कहा है आक्रामक मंगल का प्रभाव अति उष्ण है। गुरु, सूर्य, शुक्र सामान्य उष्ण प्रभाव रखते हैं। बुध कम उष्ण है। शनि तथा चंद्र का प्रभाव शीतल है तथा रक्षात्मक मंगल का कम शीतल है।

धातुओं के विषय में आम मान्यता है कि तांबे का प्रभाव गर्म है। लोहे का प्रभाव शीतल है। पर्वतों और धातुओं के प्रभावों को समझकर कुछ हाथों पर हमने परीक्षण किए हैं, उनके निष्कर्ष ये हैं-

जिन व्यक्तियों का गुरु, सूर्य, आक्रामक मंगल व शुक्र पर्वत अविकसित हो, उनमें उष्णता की मात्रा कम होती है। साथ ही जीवन शक्ति भी कम होती है। उन्हें तांबे की अंगूठी पहननी चाहिए या तांबे का कड़ा पहनना चाहिए। यदि ये पर्वत विकसित हों, तो लोहे की अंगूठी या लोहे का कड़ा पहनना चाहिए।

जिनके शनि, चंद्र, बुध तथा रक्षात्मक मंगल अविकसित हैं, उनमें ठंडक की मात्रा कम होती है। जीवन शक्ति भी कम होती है। उन्हें लोहे की अंगूठी पहननी चाहिए या लोहे का कंगन पहनना चाहिए। यदि ये पर्वत विकसित हों, तो तांबे की अंगूठी या कड़ा पहनना चाहिए।

लोहे की अंगूठी दाएं हाथ की अनामिका में पहनें या फिर लोहे का कंगन दाईं कलाई में पहनें। तांबे की अंगूठी दाएं हाथ की मध्यमा में पहनें या फिर तांबे का कंगन दाईं कलाई में पहनें। इन उपायों से पर्वतों का दोष दूर होता है। यदि सक्रिय हाथ बायां हो तो बाएं में पहनें।

यदि उष्ण और शीतल दोनों वर्ग के पर्वत अविकसित हों, तो तांबा

और लोहा दोनों धारण करने चाहिए। यदि दोनों वर्ग के पर्वत पुष्ट हों, तो कुछ भी धारण करने की आवश्यकता नहीं है। रेखाओं के दोष के लिए उंगली मुद्राओं का अभ्यास करते-कराते रहना चाहिए।

शुभ-अशुभ ग्रहों के सुधार के लिए मंत्र एवं उपाय

सूर्य मंत्र

सूर्य के शुभ प्रभावों की वृद्धि हेतु सूर्य के गायत्री मंत्र का प्रातः स्नान के बाद 11, 21 या 108 बार जप करना लाभप्रद रहेगा।

ॐ आदित्याय विद्महे प्रभाकराय धीमहि तन्नः सूर्य प्रयोदयात्॥

अशुभ सूर्य को शुभ करने का मंत्र

अशुभ सूर्य को अनुकूल बनाने हेतु सूर्य के मंत्र का जप करना चाहिए। नित्य कम-से-कम एक माला 108 जप करने से वांछित लाभ मिल जाते हैं। पूरा अनुष्ठान 60 माला का है।

ॐ ह्रां ह्रीं ह्रौं सः सूर्याय नमः॥ जप संख्या 7000॥

चंद्र मंत्र

चंद्र के शुभ प्रभावों की वृद्धि हेतु चंद्र के गायत्री मंत्र का प्रातः स्नान के बाद 11, 21 या 108 बार जप करना लाभप्रद रहेगा।

ॐ अमृतांगाय विद्महे कला-रूपाय धीमहि तन्नः सोमः प्र. चोदयात्॥

अशुभ चंद्र को शुभ करने का मंत्र

अशुभ चंद्र को अनुकूल बनाने हेतु चंद्र के मंत्र का जप करना चाहिए। नित्य कम-से-कम एक माला 108 जप करने से वांछित लाभ मिल जाते हैं। पूरा अनुष्ठान 130 माला का है।

ॐ श्रां श्रीं श्रौं सः चंद्रमसे नमः॥ जप संख्या 11000॥

बुध मंत्र

बुध के शुभ प्रभावों की वृद्धि हेतु बुध के गायत्री मंत्र का प्रातः स्नान के बाद 11, 21 या 108 बार जप करना लाभप्रद रहेगा।

ॐ सौम्य-रूपाय विद्महे बाणेशाय धीमहि तन्नौः सौम्यः प्रचोदयात्॥

अशुभ बुध को शुभ करने का मंत्र

अशुभ चंद्र को अनुकूल बनाने हेतु चंद्र के मंत्र का जप करना चाहिए। नित्य कम-से-कम एक माला 108 जप करने से वांछित लाभ मिल जाते हैं। पूरा अनुष्ठान 90 माला का है।

ॐ ब्रां ब्रीं ब्रौं सः बुधाय नमः॥ जप संख्या 9000॥

शुक्र मंत्र

शुक्र के शुभ प्रभावों की वृद्धि हेतु शुक्र के गायत्री मंत्र का प्रातः स्नान के बाद 11, 21 या 108 बार जप करना लाभप्रद रहेगा।

ॐ भृगुजाय विद्महे दिव्य-देहाय धीमहि तन्नौः शुक्रः प्रचोदयात्॥

अशुभ शुक्र को शुभ करने का मंत्र

अशुभ शुक्र को अनुकूल बनाने हेतु शुक्र के मंत्र का जप करना चाहिए। नित्य कम-से-कम एक माला 108 जप करने से वांछित लाभ मिल जाते हैं। पूरा अनुष्ठान 160 माला का है।

ॐ द्रां द्रीं द्रौं सः शुक्राय नमः॥ जप संख्या 16000॥

गुरु मंत्र

बृहस्पति के शुभ प्रभावों की वृद्धि हेतु गुरु के गायत्री मंत्र का प्रातः स्नान के बाद 11, 21 या 108 बार जप करना लाभप्रद रहेगा।

ॐ अंगिरसाय विद्महे दिव्य-देहाय धीमहि तन्नौः जीवः प्रचोदयात्॥

अशुभ गुरु को शुभ करने का मंत्र

अशुभ गुरु को अनुकूल बनाने हेतु गुरु के मंत्र का जप करना चाहिए। नित्य कम-से-कम एक माला 108 जप करने से वांछित लाभ मिल जाते हैं। पूरा अनुष्ठान 100 माला का है।

ॐ ग्रां ग्रीं ग्रौं सः गुरवे नमः॥ जप संख्या 19000॥

शनि मंत्र

शनि के शुभ प्रभावों की वृद्धि हेतु शनि के गायत्री मंत्र का प्रातः

स्नान के बाद 11, 21 या 108 बार जप करना लाभप्रद रहता है।

ॐ भग-भवाय विद्महे मृत्यु-रूपाय धीमहि तन्नौः शनिः प्रयोदयात्॥

अशुभ शनि को शुभ करने का मंत्र

अशुभ शनि को अनुकूल बनाने हेतु शनि के मंत्र का जप करना चाहिए। नित्य कम-से-कम एक माला 108 जप करने से वांछित लाभ मिल जाते हैं। पूरा अनुष्ठान 230 माला का है।

ॐ प्रां प्रीं प्रौं सः शनयै नमः॥ जप संख्या 23000॥

मंगल मंत्र

मंगल के शुभ प्रभावों की वृद्धि हेतु मंगल के गायत्री मंत्र का प्रातः स्नान के बाद 11, 21 या 108 बार जप करना लाभप्रद रहेगा।

ॐ अंगारकाय विद्महे शक्ति– हस्ताय धीमहि तन्नौः भौमः प्रचोदयात्॥

अशुभ मंगल को शुभ करने का मंत्र

अशुभ मंगल को अनुकूल बनाने हेतु मंगल के मंत्र का जप करना चाहिए। नित्य कम-से-कम एक माला 108 जप करने से वांछित लाभ मिल जाते हैं। पूरा अनुष्ठान 100 माला का है।

ॐ क्रां क्रीं क्रौं सः भौमाय नमः॥ जप संख्या 10000॥

केतु मंत्र

केतु के शुभ प्रभावों की वृद्धि हेतु केतु के गायत्री मंत्र का प्रातः स्नान के बाद 11, 21 या 108 बार जप करना लाभप्रद रहेगा।

ॐ पद्यं-पुत्राय विद्महे अमृतेशाय धीमहि तन्नौः केतुः प्रचोदयात्॥

अशुभ केतु को शुभ करने का मंत्र

अशुभ केतु को अनुकूल बनाने हेतु केतु के मंत्र का जप करना चाहिए। नित्य कम-से-कम एक माला 108 जप करने से वांछित लाभ मिल जाते हैं। पूरा अनुष्ठान 170 माला का है।

ॐ स्रां स्रीं स्रौं सः केतवे नमः॥ जप संख्या 17000॥

राहु मंत्र

राहु के शुभ प्रभावों की वृद्धि हेतु राहु के गायत्री मंत्र का प्रातः स्नान के बाद 11, 21 या 108 बार जप करना लाभप्रद रहेगा।

ॐ शिरो-रूपाय विद्महे अमृतेशाय धीमहि तन्नौः राहुः प्रचोदयात्॥

अशुभ राहु को शुभ करने का मंत्र

अशुभ राहु को अनुकूल बनाने हेतु राहु के मंत्र का जप करना चाहिए। नित्य कम-से-कम एक माला 108 जप करने से वांछित लाभ मिल जाते हैं। पूरा अनुष्ठान 180 माला का है।

ॐ भ्रां भ्रीं भ्रौं सः राहवे नमः॥ जप संख्या 18000॥

स्वास्थ्य सुधारने का मंत्र

माम् भयात् सर्वतो रक्ष श्रीयम् वर्धय सर्वदा।
आरोग्यम् देहि मे देव, देव देव नमोस्तुते॥

अन्य सौभाग्यवर्द्धधक मंत्र

समृद्धि के लिए मंत्र

इदम् विष्णुर्विचक्रमे त्रेधा निदधे पदम्।
समूह्ळमस्य पागुंसुरे॥

संतान प्राप्ति मंत्र

देवकीसुत गोविंद वासुदेव जगत्पते।
देहिमे तनयं कृष्णा त्वामहम् शरणंगतः॥

व्यक्तित्व विकास का मंत्र

ओं वैश्वानराय विद्महे लालीलाय धीमहि।
तन्नो अग्नि प्रचोदयात्॥

इंस्टीट्यूट ऑफ पामिस्ट्री की पुस्तकें

- पामिस्ट्री के गूढ़ रहस्य
- पामिस्ट्री के वैज्ञानिक और व्यावहारिक सूत्र
- 50 हैंडप्रिंट (फलादेश तथा उपाय सहित)
- पामिस्ट्री के अनुभूत प्रयोग भाग 1, 2, 3
- पामिस्ट्री गाइड
- ग्रह-नक्षत्रों द्वारा भाग्य निर्माण

दयानंद वर्मा रचित धर्म, संस्कृति मनोविज्ञान की पुस्तकें

- श्रीमद्भगवद्गीता : आधुनिक व्याख्या
- ध्यान योग : कुछ सरल विधियां
- ब्रह्मज्ञान का यथार्थ
- मानसिक समस्याएं और हम

उपन्यास कहानियां तथा अन्य रोचक ज्ञानवर्द्धक पुस्तकें

- कलजुगी उपनिषद (पुरस्कृत उपन्यास)
- नई सोच की कहानियां
- आने वाले कल की कहानियां
- जिंदाबाद मुर्दाबाद (उपन्यास)
- पश्चिम के तीन रंग (यात्रा वृत्तांत)
- यौन व्यवहार अनुशीलन
- कामभाव की नई व्याख्या
- सेक्स - एक नई सोच